小宮一慶
（経営コンサルタント）

経営コンサルタントの教科書

「良い経営」の本質と実践が分かる本

日経BP

はじめに

本書の目的は、これまで24年にわたり経営コンサルタントとして働いてきた経験をもとに、経営コンサルタントという仕事の本質やポイント、コツを、私なりの言葉で皆さんにお伝えすることです。

私の会社（株式会社小宮コンサルタンツ）では、クライアント企業に対するコンサルティング・サービスを提供する一方で、「経営コンサルタント養成講座」を通じて経営コンサルタントになる人のためのマインドとノウハウをお教えしています。コンサルタントを志望する皆さんには、私の著書を含めていろいろな本・教科書を読んでもらったり、ケーススタディやグループディスカッション、経営手法のシミュレーションで実践的な知識を身につけてもらうようにしていますが、そこで私が一番伝えたいのは、経営の本質や具体的なポイントとは何か？　ということです。本質やポイントが分かれば、どこでも適用できるからです。

たとえば、本書でも中心テーマとして取り上げている「お客さま第一」の本質とは何でしょうか？　ごく当たり前の質問のように聞こえますが、きちんと答えられる人は多くありません。「お客さまのためになることをやります……」などと曖昧なことを答えたり、あるいは「電話の対応を良くします」というようにピントの外れた返答をする人が少なくありません。

コンサルティングの現場では、お客さまの「答え」を導き出してあげなければなりません。言い換えれば、お客さまの課題に対して「核心を突いた答え」を提供することが、経営コンサルタントの仕事なのです。

そこで本書では、一人前の経営コンサルタントならばきちんと答えられなければならないと私が考えている「質問」に対する「答え」を提示し、なぜそうなのかを解説するというスタイルを採用しました。まず「質問」と「答え」にアプローチして、自分でなぜそうなのかと考えてみてください。そして解説を読んでみて、納得してもらえればそれでいいですし、疑問を感じるなら自分なりの答えを考えてもらってもかまいません。経営コンサルタントにとって、なぜそんな質問が重要なのか？　なぜその答えなのか？　ということをよく考えながら読んでいただければと思います。

おそらく本書を手に取っていただいた皆さんのなかには、将来はコンサルタントとして活躍したいという希望をお持ちの学生さんや、金融機関や大企業で働いてきた経験を活かしてコンサルタントとして独立することを検討している方々、あるいは、すでにコンサルタントの仕事に就いていて、もっと実力を高めたいと思っている方々がいらっしゃるでしょう。経営者の方々にも、経営のポイントを知るいい機会になると思います。そうした読者の皆さんに、私の経験や考え方を少しでも役立てていただければ、これ以上の幸せはありません。

世の中の社長さんから「あなた一人に相談したい」と指名されるような経営コンサルタントに成長されることを願ってやみません。

令和元年一一月　小宮 一慶

【目次】

第四章 経営者に求められる資質

第一章

経営の本質

会社経営には原理・原則があります。それは、どのような業種や業界でも通用し、中小企業から大企業まであらゆる会社に当てはまるものです。この会社経営の原理・原則を理解することなしに、経営コンサルタントとして成功することはできません。

Q
001

「お客さま第一」の本質とは？

A
001

「お客さま第一」の本質は、お客さまが求める良い商品・サービスを提供すること。「感動」や「満足」はそれを通じてお客さまに与えるもの。

社長さんや経営幹部の方々にお会いすると、「当社はお客さま第一を心がけています」という言葉をよく耳にします。経営コンサルタントのなかにも「お客さま第一」を強調する人が少なくありません。けれども、「お客さま第一」という言葉が何を意味しているのか、その本質をきちんと理解している人は残念ながらあまり多くないようです。

お客さまが買うのは「満足」や「感動」ではない

企業の経営を考えるうえで、まず押さえておかなければいけないのは、**お客さまは商品やサービスを買う**という当たり前の事実です。世の中には、お客さまは「満足」や「感動」を買っているなどと気の利いたことを言う人もいますが、実際には「満足」や「感動」を直接買うお客さまはいません。お客さまが買おうとするのはあくまでも「商品やサービス」であり、商品やサービスを買うという行動を通じて「満足」や「感動」を得ているのです。だからこそ、「お客さま第一」の本質とは、お客さまに良い商品・良いサービスを提供することなのです。この点をはき違えてはいけません。

それぞれの企業がどのような商品・サービスを提供すれば「お客さま第一」と言えるのかは、時代や社会の状況によって異なります。ピーター・ドラッカーは、環境変化に柔軟に対応して、その時々にふさわしい商品・サービスを提供し、それを通じて社会に貢献することを「マーケティング」と表現し、これが企業経営の根本だと指摘しました。松下幸之助さんは「社会は神のごとく正しい」と表現して、その時々の社会に受け入れられる商品を提供することの重要性を説きました。

「お掃除」や「お辞儀」は大切だが本質ではない

私は、お客さまがお買いになる商品やサービスの内容を、QPSに分解して考えています。分解すると、物事を理解しやすいですよね。コンサルタントの仕事の一つは、物事を分解してお客さまに説明することです。

Qはクオリティ（=商品・サービスそのものの品質）、Pはプライス（商品・サービスの価格）、Sはサービス（お客さまがお金を払わない「その他の要素」）を意味します。したがって、お客さまにとって最適なQPSを提供することが「お客さま第一」を実践することになるわけです。その本質を構成するのはQとPですが、「お店が近い」「店員と親しい」など、Sも重要である場合が少なくありません。

経験の浅いコンサルタントのなかには、「電話対応を良くしましょう」とか「丁寧にお辞儀しましょう」などといったことを必要以上に強調している人がいます。たしかに、実践できればそれに越したことはないのですが、これらは「お客さま第一」の本質ではありません。

かつて、ある中小企業のオーナー社長さんに、優良企業と呼ばれているメーカーさんを紹介したことがありました。そのメーカーさんは企業規模の割には本社の管理部門は質素にしていたのですが、そのためでしょうか、訪問を終えた中小企業の社長さんは「従業員の教育がなっていません。弊社の方が掃除が行き届いていて、接客もきちんとしています」と不満顔でした。でも、ちょっと考えてみてください。相手は売上高1000億円で営業利益が100億円という規模のメーカーさんです。世界最先端の技術を持ち、他社が真似のできない製品を提供しているので、これだけの高収益を達成しているわけです。QPSで言えば、Qが圧倒的に優れていて、十分に「良い商品」を提供しているので、それだけで「お客さま第一」なのです。

もちろん、掃除や接客などの環境整備が重要でないというわけではありません。たとえば、ホテルや旅館のように「清潔」が商品価値になる会社であれば、お掃除はSではなくQになりますので、「お客さま第一」に直結する要素になります。また、後述する従業員の「基礎力」を高めるためにもとても大切です。けれども、前述のメーカーさんのような会社の場合、何よりも自社の優れた技術を求めているお客さまが世界中にいるわけですから、そうした製品を提供することが何よりも「お客さま第一」であり、お掃除や挨拶などSの要素の優先順位は必然的に下がります。

このように、お客さまは何よりも良い商品・サービスを求めているという事実を認識することが、経営者にとってもコンサルタントにとっても第一歩と言えるのです。

Q
002

短期的な業績を高めるための事業の「方向づけ」を正しく行うために必要なことは？

A
002

お客さまが求める商品・サービスのＱＰＳを見つけ出すこと。自社の商品・サービスのＱＰＳを、競合他社と徹底的に比較することと「率直さ」が重要。

会社の経営には「方向づけ」「資源の最適配分」「人を動かすこと」という三つの要素がありますが、なかでも圧倒的に重要なのが「方向づけ」で、経営の八割を左右すると言ってもいいでしょう。だからこそ、本当に腕のいい経営コンサルタントは、事業の方向づけに全精力を傾けようとします。「事業の方向づけ」とは要するに、会社として何をすべきか、何をやめるかということ。その根幹は「マーケティング」と「イノベーション」です。そこのところさえ大きく間違えなければ、どんな会社もたいていうまくいくものです。

ＱＰＳの分析には専門性が欠かせない

正しい方向づけ、なかでも重要な、お客さまが望む商品やサービスを提供するマーケティングを正しく行い、短期的に業績を高めるためには、まず自社の商品・サービスのＱＰＳが市場のニーズに合っているかどうかを確認しなければなりません。具体的には、自社の商品・サービスのＱＰＳと競合他社の商品・サービスのＱＰＳを徹底的に分析して、どこが違うのかを見きわめる必要がありますが、ここで欠かせないことが二つあります。

一つは専門性です。たとえば、冷凍食品の運送を手がけている会社なら、冷凍の技術や他社の価格や納期の精度などが分からないと、自社の状況を判断できませんし、他社と比較することもできません。けれども、経営コンサルタントは会社経営については詳しくても、あらゆる業種・業界のことを熟知しているわけではありません。そのため、事業の専門的な部分について検討する際には、会社の各部門の専門スタッフに協力してもらいながら、**自社と他社のQPSの組み合わせを徹底的に分析**していきます。重要なのは、できるだけ細かく専門的に、それもお客さまの視点で分析することです。大雑把な分析では役に立ちませんから、社内外の専門家の意見をていねいに聞くことが重要です。

素直に、謙虚に、現実を見つめる

もう一つ大切なことは、素直に、謙虚にものを見ることです。自社の強みと弱み、競合他社の強みと弱みを客観的に確認する必要があるからです。ライバル会社は大したことがないとか、あの会社には勝てっこない、などという思い込みがあると、見えるものが見えなくなります。経営者なら誰しも自分の会社に「思い入れ」がありますが、それが「思い込み」になると、人は判断を間違いやすくなります。その点は、経営コンサルタントが冷静に観察して、うまく誘導してあげないといけません。「皆さんならなんとかなります」などというような、いい加減なことを言うコンサルタントもいますが、なんとかならないものはどうにもなりません。場合によっては、「この事業はあきらめたほうがいいですよ」とはっきり言うべきです。自分が超一流のアスリートでないのなら、いくら頑張って練習しても、一〇〇メートルを九秒台で走ることができないのと同じです。

思いつきや直感に頼ると失敗する

ＱＰＳの分析・比較を十分に行い、自社と競合他社の強みと弱みを確認することができたら、いよいよ事業の「方向づけ」を検討することになりますが、ここで重要なのは、どのような戦略を採用するにしても、それは「仮説」であって「正解」ではないと認識することです。

経営コンサルタントの大先輩の一倉定先生は「アイデア社長は会社をつぶす」と言われました。社長の言うことには誰も逆らえないので、単なる思いつきのような戦略がそのまま採用されてしまうと、会社が間違った方向へ進んでしまうということです。経営コンサルタントとしては、十分な裏づけのないアイデアは否定すべきですが、あまりはっきり言うと相手の顔をつぶすことにもなるので、そんなときに私は「それは仮説ですよね」と問いかけるようにしています。会議でいろいろな人が出すアイデアはすべて仮説なのだから、きちんと検証する必要があるという意識を高めておくことが大事なのです。

社長に限らず誰かの思いつきや直感に頼ろうとするのは危険です。レベルの低い直感は高い確率で外れますから、どんなアイデアでも仮説の検証を繰り返して精度を高めていくことが欠かせません。

Q
003

「資源の最適配分」を正しく行うためのポイントは？

A
003

一つは、ヒト・モノ・カネの長所を活かすこと。
もう一つは、リーダーが公私混同しないこと。

「方向づけ」が経営の八割を左右すると言いましたが、同業他社に遅れを取らないためには「資源の最適配分」も重要な要素です。一般的に、企業にはヒト・モノ・カネという資源があります。これらを効率的に活用するうえで重要なポイントが二つあります。

チームで働けば、一人ひとりの短所をカバーできる

一つは、成功した経営者が口を揃えて言っていることですが、**長所を活かす**ことです。設備（モノ）も財務的要素（カネ）も同様ですが、とくに「ヒト」について当てはまります。長所を活かす一方、できないことはできないですから、苦手なことは得意な人にやってもらったほうがよい。それが人を使うということなのです。部下も、自分の得意なことをさせてくれたほうが「頑張ろう」という気持ちになります。それなのに、多くの会社では、短所を改善させることに集中するあまり、平均的な戦力を作ろうとしているように思えます。

松下幸之助さんは、人は長所七割・短所三割で見て、しかも正確に見きわめるよう

にと指摘しています。これは良いところを高く評価しましょうという意味なのですが、誤解している人は、短所三割を克服させようとムダな努力をしています。会社のようにチームで活動していれば、一人ひとりのメンバーの短所を他のメンバーでカバーできます。だから一人ではできないことが可能になるわけです。

営業が得意だけれども、報告書を作成するような事務作業が苦手は人は結構います。凡庸なリーダーは、その営業マンに文書の書き方を勉強しろなどと言いますが、苦手な仕事に時間が費やされるのは会社にとっても損失です。優秀なリーダーなら、文書づくりは上手だが営業が苦手な社員と組ませます。お互いに得意な仕事に専念したほうがずっと効率が良くなるからです。

私のお客さまのある会社では、社長以下の経営陣全員の長所と短所を、人事専門のコンサルティング会社に評点してもらって、結果をイントラネットで公開しています。通常、上に立つ人というのは自分の弱みを見せるのを嫌がるので、なんでそんなことをしているのかと聞いたら、「短所を部下に知ってもらい、それをカバーしてもらうために行っている」とのこと。トップがそういう姿勢で経営しているので、会社の業績も良くなるわけです。

「宝の持ち腐れ」ではライバルに差をつけられない

ヒトだけでなく、モノやカネも有効利用を心がけることが大切です。

私のお客さまに、日本に数台しかない四〇〇〇トンのプレス機を保有している会社があります。実際に見ると、小さなビルディングくらいの巨大な機械で、大きな鉄板を一発で打ち抜くことができます。一〇〇〇トンのプレス機を四台用意するのに比べて、できることや作業効率、コストが圧倒的に違うのです。だから、この会社の営業部門は、この機械を有効活用できるような仕事を受注しないと、宝の持ち腐れになってしまいます。一〇〇〇トンのプレス機で対応できるような仕事をどれだけこなしても、自社の強みを活かせないのです。

最近では、資金が余っているという会社も少なくありません。もしも競合他社の資金がそれほど潤沢でないのなら、思い切って研究開発に投資してみるということもときには有効です。実際にどういう商品・サービスが生まれるかは分かりませんが、うまくいって他社と差別化できれば、確実に競争力が高まります。小売業のように店舗で営業している会社なら、店構えや内装を刷新して、高級感や清潔感を高めるという方法もあります。

部下が同じことをやっても許せるか？

もう一つの重要なポイントは、社長をはじめとするリーダーが公私混同をしないことです。私の経験では、経営者が公私混同をしているのに業績が伸びる会社はありません。それなのに、とくに中小のオーナー企業には、このことを理解していない経営者が少なくありません。社用車をプライベートで乗り回したり、友人とのゴルフの費用や自宅で使う家電製品の購入費を会社の経費で賄ったりしている事例もあります。厳しい言い方をするなら、業務上横領か特別背任に問われても文句が言えないような状況です。

そのようなことを講演会やセミナーなどで話すと、嫌な顔をする人が結構いるのですが、そんなことは部下の立場になって考えてみれば分かることです。社長が遊びで出かける際のゴルフ代や車代を、なぜ自分たちが働いて稼がなければいけないのでしょうか。そんなことを知ったら、頑張って働こうという気持ちなど薄れてしまうでしょう。

公私混同を避けるために有効なのは、**「部下が同じことをやっても許せるか？」**と自問自答することです。たとえば、部下が家族旅行に営業車を使ったら、許せるでしょうか？　許せると答える経営者はほとんどいないはずです。それならば、どうして自分が同じことをしていいのでしょうか。このように**基準を与えることは、経営コンサルタントにとって大事な役目**です。具体的な基準がないと、相手は拡大解釈しがちです。「社長の気分が良くないと会社の雰囲気が悪くなるだろう」などと考えて、会社の経費で飲みに行く社長もいます。それなら、同じことを部下に許しているんですか？　聞きたいものです。

経営コンサルタントの心得【その二】

経済は人を幸せにする道具――藤本幸邦老師の教え

私の人生の師匠は、長野県の曹洞宗円福寺で住職を務められていた故藤本幸邦先生です。かつて東京のお茶の水付近で二人でタクシーに乗っていたときに、先生が「小宮さん、経済は何のためにあるか分かりますか？」と尋ねられたことがあります。突然だったこともあり「分かりません」と答えると、先生は「経済というのは人を幸せにするための道具なんですよ。政治も同じ」とおっしゃいました。つまり、経済や政治は手段であって、人の幸せが目的なのです。このお話をうかがって、私は自分が経営コンサルタントとして何をすべきなのかを再確認しました。

「利他即利自」という言葉があります。他人を利することが自分のためにもなるといった意味ですが、これを会社経営に当てはめると、良い商品・サービスを提供することによってお客さまや社会に貢献し、会社としては、働く人に働き甲斐を与え、利益を上げるということになるでしょう。それならば経営コンサルタントである自分は、世の中の会社がお客さまに良い商品・サービスを提供するためのお手伝いをしよう、それが人（お客さまや働く人）の幸せに結びつくのだから――。これが今でも私の経営哲学の根幹になっています。

Q 004

「人を動かす」ためのポイントは？

A
004

社員がわくわくするような目標設定をすること。
売上高や利益のような数字を目標に掲げても、
社員のモチベーションは高まらない。

会社経営をするうえでは「方向づけ」が最も重要ですが、もう一方で、人に動いてもらうことも肝要です。同じようなことをやっていても、人の動き方でパフォーマンスに大きな差が出るからです。ただ、どれほど優秀な人たちが揃っていても、働き方を間違えると、会社は崖っぷちに立たされることになってしまいます。

売上高と利益目標だけを掲げても社員は動かない

人を動かすポイントは二つあります。

一つは、わくわくするような中間目標を設定すること。経営戦略や経営計画を立てる際に、売上高と利益の目標設定から考えがちですが、幹部社員は別として多くの社員は、それらの目標に関心がありません。先ほど部下の気持ちになることが重要だといいましたが、売上高や利益などより、「達成感が得られてうれしい」「人から褒められるのでうれしい」というような目標を設定する機会を設けることが大切なのです。

たとえば、私のお客さまの中に、自動ドアの保守・点検などを手がけている会社がありますが、その会社では毎月、お客さまに喜んでいただくための小さな行動目標と、働く仲間に喜んでもらえる目標、工夫の目標、そして自己啓発の目標を立てています。上司と相談して目標を設定し、自己採点することを繰り返す。それを続けていくと、自分でもわくわくするような目標へと変わっていきます。だからこそ、会社の業績が向上したのはもちろん、離職率も格段に低下したのです。

また、京都に平安時代から一二〇〇年も続く鋳物製造会社がありますが、その会社では、各人の工夫により、机の引き出しの整理の仕方や、工場での備品の格納方法など、環境整備を徹底しています。そうすることで、働きやすさが増すとともに、他人に感心されたりほめられるので余計に楽しくなるというわけです。

「人を動かす」ためには「リーダーの二つの覚悟」も必要ですが、それは後述します。

Q 005

松下幸之助さんの「宇宙の原理」とは？

A
005

「常に限りなく発展していく」という「生成発展」が経営判断の拠り所となる思想である。

経営者は、何らかの哲学を持っていないとブレてしまいます。松下幸之助さんは晩年、学者や哲学者と交流し、自分が納得のいく成功の法則や宇宙の原理を突き詰めようとしました。その結論が、「宇宙の原理」とは「生成発展」、つまり宇宙も地球も世の中も発展していくということなのです。

松下さんは、社会の発展のために良い家電製品を作り続けている限り、松下電器という会社も発展し続けると信じて、それを社員たちに言い続けていました。成功するために他人の足を引っ張ったり、競争を勝ち抜くためにライバルを蹴落とそうなどと考える必要はなく、より良い商品（ＱＰＳ）を作り続けて社会の発展に寄与することで、会社も発展するし、社会も良くなると考えられたわけです。

会社は絶えず生成発展を続けている

私は、安岡正篤先生の本を読んで「生成化育」の考え方を知っていましたので、松下さんの「生成発展」についても違和感を抱きませんでした。ドイツ観念論哲学の、いわゆる「正反合」の形態も同じことだと思います。磁石のＮ極とＳ極であれば反発しあうだけですが、正反合の考え方では、「正（テーゼ）」と「反（アンチテーゼ）」とが「止揚（アウフヘーベン）」してより高い次元の「正」が導かれます。要するに、反発しあうものから、より良いものが生まれるという考え方なのです。

「生成発展」「生成化育」ともに、世の中は良くなっていくことが宇宙の原理だと解釈できます。そのためには、自社も、個人も常に生成発展していなければなりません。

Q 006

稲盛和夫さんの「成功の方程式」とは？

A
006

成功の方程式＝考え方×熱意×能力。なかでも「考え方」はマイナス 100 点からプラス 100 点まであるので一番大事。

稲盛和夫さんは「考え方×熱意×能力」が成功の源泉だとおっしゃっています。ここでポイントとなるのは、「熱意」と「能力」は〇点から一〇〇点までの範囲ですが、「考え方」はマイナス一〇〇点からプラス一〇〇点までの範囲があるという指摘です。熱意と能力がなければ仕事が前に進まなくなるだけで済みますが、もしも考え方が間違っていたら大失敗をもたらしかねないということなのです。

成功への近道は正しい考え方を身につけること

プラスになる考え方を身につけない限り、いくら努力してもうまくことが進みません。逆に言えば、それを勉強することこそが成功への一番の近道なのです。

私はセミナーなどで、「論語や老子、仏教書、キリスト教の聖書でもいいので、何千年もの間、多くの人々が正しいと信じてきた考え方をまず勉強してください」とお願いしています。論語や仏教は二五〇〇年、キリスト教は二〇〇〇年の歳月を生き延びてきた考え方ですので、それだけの普遍的な真理があり、成功の原則があるわけです。

コンサルタントによる、ちょっとした技や気の利いた助言だけで、会社が良くなることは絶対にあり得ません。「自分さえよければいい」「儲かりさえすればいい」「ライバルを蹴落としてやろう」などという考え方は間違っているのです。

幸せは自己満足、成功は他者満足

私は「幸せと成功は違う」と考えています。幸せは自分で思うことですが、成功は他者からの評価です。社内の人や世間から「すごいね」と評されてはじめて成功したといえます。つまり、周りの人や社会への貢献がその裏にあります。稲盛さんの「成功の方程式」も、成功して世間から感謝され、評価されるためのものなのです。

「幸せなら成功しなくてもいい」と言う人がいますが、私は違うと思います。成功は、他人から評価されることですから、成功することは社会に貢献しているといえるわけです。だからこそ、成功して幸せになることが大事になってきます。そのためには「考え方×熱意×能力」ですが、少なくともマイナス点にならない考え方、できれば大きなプラス点になる考え方を身につけることが必要なのです。

Q
007

ピーター・ドラッカーが定義するマネジメントの目的は？

A
007

「特有の使命を果たす」「働く人たちを活かす」「社会に与える影響を処理するとともに、社会の問題について貢献する」ことの三つである。

ピーター・ドラッカーは著書『マネジメント』の冒頭で、「マネジメントには、自らの組織を社会に貢献させるうえで三つの役割がある」と記しています。役割と書いてありますが、私から言わせるとこれこそが目的なのです。

役割の一つ目は、「自らの組織に特有の使命を果たす」こと。つまり、その会社特有の商品・サービスを提供することです。ＱＰＳのうち、ＱとＰで自社独自の特色を出すこともそうですが、ＱとＰは他社と変わらなくても、その地域で一軒しかないコンビニエンスストアは独自の使命を果たしているといえます。

二つ目は「仕事を通じて働く人たちを活かす」こと。会社というのは、人が集まって成り立っています。その働いている人たちを活かすことは重要なことです。私は、これに一言加えて、「働く人を活かして幸せにすること」が大事だと考えています。

そして三つ目は、「自らが社会に与える影響を処理するとともに、社会の問題について貢献する」ことです。たとえば、汚染物質を排出して公害をもたらすような事業は、それを防ぐための対応をする必要があります。また、地域コミュニティに貢献することも重要です。

この三つの役割は、すべての会社に共通しています。多くの会社が、ミッションやビジョン、理念のなかに落とし込んでいることこそが企業の目的なのです。

「目的」を思い出してもらうことも経営コンサルタントの役割

経営がおかしくなってしまう企業でも、もともとは立派な経営理念を掲げている場合が多いのです。たとえば、「事業を通じて社会に貢献しよう」とか「物心両面の幸福を追求しよう」といったものです。それが年月を重ねるうちに、経営陣が本来の目的を軽んじるようになり、目標にすぎない売上高や利益といった目先の数字を目的化してしまうのです。

そのため経営コンサルタントとしては、経営者が数字ばかりを追いかけようとしたときには、本来の目的を思い出してもらうように努力しなければいけません。「どうすれば会社の業績が向上するか」を助言するのも重要ですが、「なぜこの会社が存在するのか」という根本的な問いを発することこそ、経営コンサルタントの本領であると私は考えています。

Q
008

マーケティングとは何か？

A
008

世の中の人々がどのような商品・サービスを求めているのかを見つけ出し、それを提供するように努力すること。

マーケティングとは、お客さまが求めるもの（＝ＱＰＳ）を見つけ出して、いかに提供するかということです。最適なＱＰＳの組み合わせを提供するうえでは、五つのＰ（＝プロダクツ、プライス、プレイス（流通）、プロモーション、パートナー）がポイントになります。

マーケティングのことを営業活動や販促活動だと思っている人も少なくないようですが、営業や販促は五つのＰのなかの「プロモーション」の一部に相当するもので、マーケティングそのものではありません。ドラッカーは、本当に良い会社は営業活動を必要としないとまで言っています。商品やサービスそのものがお客さまを増やすからです。

マーケティングのない経営戦略は必ず失敗する

ラーメンを食べたいと思ったとき、道端で割引券を配っているような店と行列ができている店があるとしたら、やはり行列ができている店で食べたいと思いませんか？

松下幸之助さんは「お客さまや世間は神のごとく正しい」という表現を使って、売れる商品こそが良い商品だと言いました。それこそが「お客さま第一」であり、そうした商品・サービスを提供することがマーケティングの本質なのです。マーケティングを正しく行う、つまり、お客さまにとって良い商品・サービスを提供するように努力することこそが、企業経営の第一歩なのです。

マーケティングを勉強することは、経営者にとっても経営コンサルタントにとっても欠かせません。そのためには、普段からいろいろな商品・サービスを見て、自分だったら「こんな商品が欲しいか?」「欲しくないか?」と自問する習慣を身につけることです。お客さまの視点から商品・サービスを見ることで、自社のＱＰＳで何が足りないのかが分かります。自社の強みを活かして、五つのＰをどう変えて差別化するか。それが実践的なマーケティングの基本なのです。

Q
009

目的と目標の違いは何か？

A
009

「目的」とは会社の存在意義であり、それに到達する過程で立てられるものが「目標」。

かつては日本の産業界を牽引していた大企業が経営危機に陥るケースがいくつもありました。その原因の一つに、経営者が目的と目標の違いを取り違えてしまったという点を挙げることができます。

目的とは「何のために会社が存在しているのか」という、組織としての存在意義を意味します。一方、目標というのは会社の存在意義である目的を達成するための手段や通過点のことです。経営者やコンサルタントはこの違いをきちんと認識することが重要です。

目標を目的化すると会社がおかしくなる

たとえば、多くの人は「家族を幸せにする」という目的を持って生きていると思いますが、家族を旅行に連れていくことは目的そのものではなく手段にすぎません。単なる目標です。ということは、毎年の夏休みに必ず家族を旅行に連れていっているからといって、それで目的を達成したことにはなりません。

経営コンサルタント小宮一慶の目的・存在意義は、クライアントやセミナー会員さん、本の読者など、私とかかわる人たちに成功していただくことです。そして目標は、単著を一〇〇冊出版することとしていました。おかげさまで二〇一四年に目標達成できましたが、目的は私が現役で働いている限り存在し続けます。

目的と目標の違いは、人生においても企業経営においても、とても大事なことです。成果が出せない会社、社員が疲弊している会社は、目標が目的化している傾向にあるといえます。常に自社の存在意義（＝目的）は何かを認識していることが大切です。

Q
010

「目的」を「目標」に落とし込む際の最初の目標は？

A
010

マーケティングの目標、つまりお客さまにかかわる目標から考えることが重要。

多くの会社では、目標を設定する際、まずは数値目標の議論からはじめます。しかし、自分の会社の売上高や利益などの数値目標は、お客さまや世の中の人にとっては何の関心事でもありません。

企業が生き残るためには、競合他社と差別化された商品・サービスを提供することによって、企業外にアピールすることが重要です。だからこそ、五つのP、「プロダクツ」「プライス」「プレイス」「プロモーション」「パートナー」をどう決めていくかが鍵となります。お客さまが望むQPSを見出し、それを達成するために、五つのPをはじめとするマーケティングの目標を設定することがまず大切です。それは「お客さま第一」という考え方とも合致するのです。

マーケティングとイノベーションだけが利益をもたらす

ドラッカーは、「企業が果たすべき基本的な機能は、マーケティングとイノベーションである」と述べています。つまり、企業に利益をもたらすものがこの二つだというわけです。それ以外の要素はコストにしかなり得ません。

マーケティングというと営業や販売促進のことだと考えがちですが、前述の通り、そうではありません。お客さまの求めているものを見つけ出して、それを提供する。すなわち、企業経営の根幹がマーケティングなのです。イノベーションとは、新しい価値を提供するために、組織のあり方や製造方法、商品などを根本から見直し、変革することです。だからこそ、マーケティングとイノベーションが活発に行われる組織にしていくことが求められています。

私は多くの会社の会議に参加しますが、その会議の時間のどれくらいがマーケティングとイノベーションに費やされているかに、いつも注意しています。

第二章

経営の実践

企業経営の本質を踏まえたうえで、それを実践に移すときにもいくつかのポイントがあります。重要なのは、マーケティングとイノベーションです。お客さまの求める商品・サービスを効率的に提供するための基本的な考え方を押さえておいてください。

Q
011

ピーター・ドラッカーが「方向づけ」のために重要だと主張する三要素は？

A
011

「目的」「市場（外部環境分析）」「強み（内部環境分析）」の三要素。なかでも「目的」からスタートすることが重要。

ピーター・ドラッカーが企業活動の本質だと指摘した「マーケティングとイノベーション」を実践するうえで、ポイントが三つあります。

一つ目は「目的」、つまり会社のミッションやビジョン、理念がベースになります。ドラッカーは「目的からスタートしなければいけない」、つまり志ありきだと述べています。そうでなければ、いざというときに求心力を失ってしまうからです。逆に、目的が組織に浸透している会社は、強い会社といえます。

良い会社は一〇年後を見据えて行動している

二つ目は「市場」。世の中が短期的、中長期的にどのように変わっていくかを見通すための「外部環境分析」です。

いろいろな会社を見てきて思うのは、良い会社は一〇年後を見据えながら、いま何をしなければいけないのかを考えています。そこで私がおすすめしているのは、一〇年後を見据えたうえで、三年計画を毎年立てて、その一年目の目標を達成するように努力することです。一年計画だと、今年の計画の延長線をそのまま来年に当てはめるだけになりがちですので、少なくとも三年先のことを見通すべきだからです。

さらに、その三年計画のベースとして、一〇年後のあるべき姿を描いてみることも大切です。一〇年後の未来など誰にも分かりませんが、自分の会社や業界を取り巻く環境がどのように変わっていくかを考えておくことで、変化への対応力が高まるからです。

三つ目は「強み」です。自社と他社との相対的な強みを分析する「内部環境分析」です。自社の「ヒト、モノ、カネ」などの資源の強みや弱みを徹底的に把握することです。世間一般の会社や競合他社と比較して、「自社の強みや弱みがどこにあるのか」を経営者やコンサルタントは十分に理解しておかなければなりません。設備や財務内容だけでなく、のんびりしている社風、目先の数字にこだわる傾向など、具体的に押さえておくべきです。

Q
012

『ビジョナリー・カンパニー2』の「針鼠の概念」とは？

A
012

「自社が世界一になれる部分」を探し、「経済的原動力になるもの」と「情熱をもって取り組めるもの」に集中することにより、飛躍的な成長を遂げること。

「針鼠の概念」という言葉を聞いたことはありますか？　これは、アメリカの経営学者ジェームズ・Ｃ・コリンズが『ビジョナリー・カンパニー２』で提唱した考え方で、企業が飛躍的に成長するために必要な三つの条件を意味します。

世界一になれるのは、手がけていない事業かもしれない

一つ目の条件は「自社が世界一になれる部分」を探すこと。これは、「自社が世界一になれない部分」を探すことと言い換えることもできます。単に得意にしている分野だからといって世界一になれるわけではありません。もしかしたら、世界一になれるのはいま手がけていない事業かもしれません。中小企業なら日本一でもかまいません。

二つ目は「経済的原動力になるもの」であること。飛躍する企業はいずれも、収益を効率的に生み出す方法を見抜き、そのための具体的なＫＰＩ（〇〇当たり利益、来店客数など）を目標に活動していると、コリンズは指摘しています。たしかに財務指標のようなＫＰＩは重要なのですが、私は、社員がわくわくするような中間目標であ

ることが大事だと考えています。それをうまく設定できるかどうかが、経営者の腕の見せ所なのです。

三つ目は「情熱をもって取り組めるもの」、つまり社員が本当に意義のある仕事だと思って取り組むということです。このことは先の「わくわくするような中間目標」とも大きく関係します。

この「針鼠の概念」を構成する三つの要素は、前述のピーター・ドラッカーの事業定義の際の三つの要素（目的、市場、強み）よりも次元が高く、飛躍的に発展し、文字通り世界一を目指すような企業に適用されるものです。経営コンサルタントとして、そのような企業にアドバイスする機会は少ないかもしれませんが、「方向づけ」の一つの理想形として頭に入れておいたほうがいいでしょう。

Q
013

経営会議で時間を使うべきことは？

A
013

マーケティングとイノベーションに関する検討事項。

その会社が経営会議や取締役会などの重要な会議において、どれくらいの割合をマーケティングとイノベーションに費やしているかを確認するのも、経営コンサルタントの仕事の一つです。

「行商のおばさん」はビジネスモデルの基本形

この点に関して、私は講演会などで「行商のおばさん」についてのたとえ話をすることがあります。行商のおばさんというのは、浜で魚を仕入れて、それを街中や山間部まで運んで売ることで生活費を稼いでいます。仕入れた場所（浜）で魚を売ろうとしても、ほとんど商品価値がありませんから稼ぎになりませんが、手間暇をかけて街や山まで魚を運ぶと、そこに「付加価値」が生まれます。魚を売って得たお金の一部は生活費となり、残りは、再び浜で魚を買う資金となります。

商売としてはきわめてシンプルですが、実はどのような業種・規模の会社でも基本的には同じことをしているのです。**付加価値のある商品・サービスを生み出して、お客さまに売って、代金を回収して、それを再投資して、残りが利益として残る。**ビジネスを続けていくためには、それを繰り返していくしかありません。

ここで注目していただきたいのは、「行商のおばさん」のビジネスモデルには、人事部、総務部、企画部などの管理部門が存在しないという点です。なぜ存在しないかといえば、必要がないからです。

けれども、会社が大きくなって何百人、何千人という組織になると、従業員を採用したり、職場を整備したり、部門ごとの業務内容を調整したりといったことをバラバラに行っていると効率が悪くなってしまうので、会社全体で調整するための管理部門が必要になるわけです。とはいえ、管理部門というのは事業の本質的な役割を担っているわけではなく、企業規模が大きくなったゆえの必要悪なのです。あくまでもビジネスのサポート役なのです。

非生産部門はサポート役に過ぎない

ところが、会社の規模が巨大化していくと、管理部門の仕事の内容がどんどん高度化・複雑化していくために、優秀な人材が集まりやすく、やがてこうした部門に権限が集中するようになります。そうなると、本業を担っている製造部門や営業部門よりも管理部門の力が強くなり、経営の意思決定がうまくいかなくなるというケースも珍しくありません。

そうした会社のパワーバランスは、取締役会や経営会議での事案や議論にも反映されるのです。管理部門の力が強いと、事務的な規則の変更など組織運営に関する事案に多くの時間が費やされ、肝心の本業に関する議論、つまりマーケティングとイノベーションへの関心が薄れます。それでは本末転倒なのです。

経営コンサルタントの心得［その二］

コンサルタントは「教祖」ではなく「宣教師」を目指すべき

コリンズは『ビジョナリー・カンパニー』のなかで、経営者は「時を告げる人」ではなく「時計を作る人」になるべきであると指摘しています。経営者が時を告げる、つまり自分を求心力として組織運営を行おうとすると、その経営者がいなくなれば求心力がなくなってしまいます。だから経営者は、いつまでも組織運営ができるようにするための考え方や基準を示し続ける「時計」を作るように努力しなければいけないという意味です。

似たようなことが経営コンサルタントについても言えます。コンサルタントのなかには「先生」と呼ばれて教祖になりたがる人がいますが、私は、コンサルタントは「宣教師」を目指すべきだと考えています。自分一人の思いつきや経験則を他人に説こうとするのではなく、何千年もの間、多くの人々が正しいと思ってきた考え方や成功する経営理論を、分かりやすい言葉で現代の人々に伝える役目を担うべきです。そのためにも、さまざまな古典や良書を読んで、先人たちの知恵を習得すべく、普段から勉強を重ねることが大切なのです。

Q
014

お客さまの「六つの段階」とは？

A
014

「潜在客」「顧客」「得意客」「支持者」「代弁者」「パートナー」という六つの段階のお客さまがいる。

リレーションシップ・マーケティングという考え方があります。これは、一回のお客さまを一生のお客さまにしようというものです。

お客さまには、**「潜在客」「顧客」「得意客」「支持者」「代弁者」「パートナー」**という六つの段階があります。

「潜在客」というのは、お客さまになる前のお客さまのことです。「顧客」は、自社の商品・サービスを買ってくれた人で、カスタマーやクライアントと呼ばれています。「得意客」は、頻繁に買ってくれるお客さまです。「支持者」は、ストア・ロイヤルティやブランド・ロイヤルティが一〇〇%のお客さま、デパートなら〇〇百貨店しか行かない、化粧品なら△△しか買わないお客さまのことです。

さらに、その上の段階があります。「代弁者」は、「この商品いいですよ」と周囲の人たちにすすめてくれる人のことです。「パートナー」は、手弁当で別のお客さまを連れてきてくれたり、自ら代理店になってその商品・サービスを売ってくれるような人です。

企業としては、潜在客に商品・サービスを買ってもらうように努力することも大事ですが、すでに商品・サービスを使っていただいている顧客を、得意客や支持者、代弁者、パートナーにするように関係を深めていくことも重要です。

良い会社か否かは「お客さまの質」で決まる

お客さまを見ていると、その会社のレベルが分かります。良い会社は、良いお客さまが長続きするからです。一方でダメな会社は、既存のお客さまがどんどん離れていきますので、いつも新しいお客さまを開拓しなければいけません。そのため新規営業に長けているのですが、それでは継続的に成長することはできません。良いお客さまとの関係をどれだけ深められるかが、良い会社になるための条件と言えるのです。

Q
015

「感動」は「満足」より重要か？

A
015

一部のお客さまに「感動」を与えようと努力するあまり、サイレント・マジョリティの「満足」をおろそかにしてはいけない。

経営者や経営コンサルタントの中には、お客さまに「満足」してもらうだけでなく「感動」を与えるような会社が良い会社だと思っている人が少なくないと思います。必ずしも間違いではないのですが、注意すべきポイントがあります。

人間はただ満足しているだけでは、人に話したりすすめたりしませんが、感動すると人に話したくなります。ですから、一人でも多くのお客さまに自社の商品やサービスを買っていただくためにも、「感動」をどれだけ生み出せるかが重要な要素になります。

満足八〇点＋感動二〇点＝一〇〇点

ただし、一部のお客さまの感動を追いかけるあまり、大多数のお客さまに満足してもらうことをおろそかにすると、失敗することがあります。とりわけ高級志向のサービス業のなかには「感動ハンティング」に走ることで経営がおかしくなるケースが少なくありません。

世の中の大半のお客さまはサイレント・マジョリティと呼ばれる人たちで、その商品・サービスに満足はしていても、何も言わないで使い続けています。経営者やコンサルタントは、それらのサイレント・マジョリティのお客さまに満足していただくように常に注意しておかなければならないのです。そして、「お客さまは黙って去っていく」ということを肝に銘じておく必要があります。

あくまでも**満足あっての感動**なのです。一〇〇点満点のうち満足が八〇点、感動が二〇点くらいのバランスがちょうど良いのではないでしょうか。

Q
016

ＰＤＣＡの本質は何か？

A
016

ＰＤＣＡの本質は、一つは「有言実行」、もう一つは「反省」すること。そして、その反省を次につなげていくこと。ＰＤＣＡがうまく回らなくなったら、会議（チェック）の頻度を上げると効果的。

いまでは多くの会社がＰＤＣＡ（プラン→ドゥー→チェック→アクション）という業務改革のプロセスを実践しています。私はこの手法の本質は「有言実行」と「反省」にあると考えています。最悪なのは、計画だけ立てて、チェックしないことです。一倉定先生は「チェックの責任者を置きなさい」とおっしゃいました。当事者にチェックさせるといい加減になるので、専門の責任者が必要だということです。

ＰＤＣＡの本質は、まず「有言実行」です。その社風を作ることも重要です。会社全体でも、経営者を含めた個人でも目標を設定し、それをやるという社風を作ることです。そして、なぜ目標を達成できなかったのかを「反省」することです。計画を達成できなかったことだけでなく、計画の立て方や、無理な計画の場合はそれ自体も反省すべきです。かといって、容易に達成できる目標では意味がありません。その匙加減をアドバイスすることも、コンサルタントに求められていることです。

「会議を乗り切ること」が目標になると失敗する

ＰＤＣＡがうまく回らない時には、チェックの頻度を上げることが有効です。

かつて、ある消費財メーカーさんから「開発・製造・営業・サポートの生産性を向上できないか」という相談を受けたことがありました。各部門で、一年後の目標を設定して、それを一ヵ月に一回ほどの頻度でチェックしていましたが、進捗が芳しくありませんでした。

なぜでしょうか？　私の経験から言えるのは、一ヵ月に一回の会議では、その会議の時間を乗り越えることが目標にすり替わってしまうことが少なくない、ということです。従業員が会議を乗り越えることだけに注力するのは会社にとってムダですし、なにより目的とかけ離れた行為なのです。

そこで、会議の頻度を一週間に一回へ変更しました。週に一回だと、乗り越えたと思ったらすぐに次の会議がやってきますので、本気にならざるを得ません。その結果、ほとんどの部門で初期の目標を達成できたのです。ＰＤＣＡがうまく機能したことで、さらに階層の低い部署でもＰＤＣＡを回し始めて、会社全体の業績が向上しました。

Q
017

「クレームゼロ運動」は是か非か？

A
017

「クレームゼロ運動」はすべきではない。「クレームゼロ」を現場に押し付けると、従業員がクレームを握りつぶすという最悪の事態を招きかねない。

一倉定先生は「クレームゼロ運動」を行うと会社がダメになるとおっしゃっていましたが、私もその通りだと思います。

「ミスゼロ運動」や「事故ゼロ運動」ならばいいと思います。なぜならば、ミスや事故というのは社内の問題だからです。それに対して、クレームはお客さまから発せられることですので、どんなに頑張っても必ず発生します。それにもかかわらず「クレームゼロ運動」を実施すると、従業員がクレームを握りつぶすという最悪の事態を招きかねません。

クレーム対応は会社経営の生命線

「**クレーム対応で会社の値打ちが決まる**」という経営の格言があります。お客さまは、一次クレームの段階でも怒っているのに、それが無視され二次クレームの段階に進むと、二度と商品・サービスを買ってくれなくなります。けれども、一次クレームの段階で真摯に対応することができると、自社のファン、つまり代弁者やパートナーになってくれることがあります。

ですから、クレーム対応については原則を決めておく必要があります。当社では、「即時に対応する」「何をおいても対応する」「必ず上司に報告する」というルールを定めています。そして、クレームが発生したことに関しての責任は問いません。その代わり、ルールを遵守しなかったときには厳罰に処すると決めています。

問題なのは、クレームをクレームと思っていない社員がたくさんいる会社です。そういう会社は、クレームをうまく誤魔化せる社員が良い社員とみなされています。ですが、そんなことを続けていると会社は確実におかしくなりますので、クレームに対しては、真摯に対応することが大原則です。

「ダブルチェック」は対策として不十分

当社では、クレームが発生した際には一営業日以内に「対応対策書」を提出してもらい、内容を全員で共有するようにしています。

「対応」というのは、その場でどうしたかということ。たとえば、セミナーの資料が足りなかったときに、先方にすぐにお届けしたというようなことです。

一方の「対策」は、二度と同じ間違いを起こさないために自分がどうすべきかを考えることです。その際、「上司にチェックしてもらうようにします」「必ずダブルチェックします」などという対策案を目にすることがありますが、それは絶対に認めません。ダブルチェックは責任の分散であり、自分がミスしても誰かが何とかしてくれるだろうという甘えが生じるからです。中小企業では、そんなことをしていてはいくら人がいても足りません。お金を扱っている銀行ではあらゆる業務をダブルチェックしていますが、それは不正防止のためであり目的が異なります。

第三章

人を動かす

「方向づけ」「資源の最適配分」とともに、会社を経営するうえで大切なのが「人を動かす」という要素です。従業員が仕事に喜びを感じながら生き生きと働いている会社は、お客さまも喜んでくれるので、必然的に業績も伸びていきます。経営者として、従業員に働きがいを与えるには何をすべきでしょうか？　本章ではそのポイントを考えていきます。

Q
018

「良い仕事」の三つの要素は？

A
018

「お客さまが喜ぶこと」と「一緒に働いている仲間が喜ぶこと」、そして「工夫」。

私は「良い仕事」には三つの要素があると考えています。一つ目はお客さまが喜ぶこと、二つ目は一緒に働いている仲間が喜ぶこと、三つ目は工夫をすることです。

当社のお客さまの中に、従業員の皆さんが本当に生き生きと働いている会社があります。機械のメンテナンスなどの現場仕事を手がけているのですが、若い社員のなかから「朝早く会社に行きたい」という声が聞こえてくるのです。現場で使う工具を家に持ち帰ってピカピカに磨いたり、始業時間前に出社して営業車をきれいに洗ったりすることも、自発的に行われています。

働きがいを感じると工夫がしたくなる

皆が生き生きとして、いろいろと工夫しながら働いている人たちに仕事をしてもらえるので、当然、お客さまも喜ぶわけです。そのため、請求した金額よりも多く振り込まれていたとか、そういう信じられないようなことも起こるわけです。「あれだけの仕事をしてもらったのに、この値段では申し訳ない」と言われたそうです。そうなると従業員はいっそう働きがいを感じて、もっとお客さまに喜んでもらおう、もっと工夫をしようと思います。そうすれば仕事のパフォーマンスが高まって、お客さまがもっと喜んで、会社の業績も向上し、給料も上がる、という好循環が生まれるのです。

もちろんこの会社も、何もしなくて「良い仕事」ができるようになったわけではありません。社長が代替わりしたときに、新しい社長がもっとお客さまに喜んでもらえる会社にしようということで、すべての従業員それぞれに具体的な行動の目標を立てるように言いました。たとえば、三コールで電話を取っていたのを二コールにするとか、見積書を訪問時に持って行っていたのを事前にメールで送るようにするとか。とにかくお客さまが喜ぶようなことを自分で考えて目標にして、それを毎月、自分と上司で五段階評価するという活動を続けました。

もともと業績が悪くない会社だったので、「何でこんなことをやらなければいけないの?」という反発も生まれたようですが、そこを乗り越えて三年くらい続けたら、抜群に効果が出るようになりました。何よりもお客さまが喜んでくれるので、従業員の皆さんも働きがいを感じるようになって、離職率が格段に下がりました。コンサルタントとして、企業で働く人が、ここでいう「良い仕事」に集中しているかどうかをチェックするのも大切です。

Q
019

「良い会社」の三つの要素は？

A
019

「お客さまが喜ぶ会社」「働く人が幸せになる会社」、そして「高収益」。

「良い会社」にも三つの要素があります。そのうち二つは「お客さまが喜ぶこと」と「働く人が幸せになること」で、前項の「良い仕事」ともパラレルになっています。良い仕事というのは行動です。まずは「お客さまが喜ぶこと」「働く仲間が喜ぶこと」をするために努力して、さらには工夫をすることが大切です。**良い会社というのは、そうした良い仕事の結果**なのです。おそらくは誰もが、自分が働いている会社は「良い会社」であってほしいと思っているはずですが、そのためには経営者も従業員もしっかりと「良い仕事」をすることが大切なのです。二つ目の「働く人が幸せになる」には二つの意味があります。一つは「働く幸せ」で、毎日生き生きと仕事ができて、働くこと自体が楽しいということ。もう一つは働くことによって得られる「経済的な幸せ」です。

同じ地域の同業他社より「一割高い給料」を払う

経済的な幸せというと、給料やボーナスをたくさん与えればいいのかと思うかもしれませんが、それほど簡単ではありません。かつて一倉定先生は、同じ地域で同じ仕事をしている人よりも一割多い給料を払ってくださいと助言していました。経営者のなかには気前のいい人がいて、利益が出たときには給料を大幅に上げたりボーナスを大盤振る舞いしたりします。それで一時的には従業員が喜ぶのですが、きちんと生き方を学んでいないような社員にお金をたくさん与えると遊んでしまって、本人のためにならないことが少なくありません。だから一倉先生の言う「一割」というのは、なかなか言い得て妙だと思います。

反対に、給料が安いというのはよくありません。収入が少なければ仕事にプライドが持てなくなりますし、生活の満足感も得られません。たとえば、子どもを良い学校に進学させようと思っても、経済的に余裕がなければ進学させられないこともあるでしょう。そのためにも、同じ地域で同じ仕事している人より一割多い給料というのは、肩身の狭い思いをせずに楽しく生活することを考えての水準なのです。

加えて、中小企業でも長らく勤務して経営幹部として貢献してくれてきた人には、少なくとも年収一〇〇〇万円は支払ってくださいと、当社のお客さまにはアドバイスしています。

Q
020

ビジョンや理念が浸透する前提は？

A
020

社員が「働きがい」を感じていること。社員が嫌々働いているような会社では、ビジョンや理念を浸透させるのは困難。

ビジョンや理念が根づいている組織は強い組織です。会社でも、ビジョンや理念がしっかり浸透すると、働く人も基軸がしっかりするので、高収益な会社になります。そのため、コンサルタントの仕事をしていると、「ビジョンや理念を浸透させるのを手伝ってくれませんか」と依頼されることがあります。以前は気軽に引き受けていたのですが、最近は引き受けるのをやめました。ある理由に気がついたからです。何に気づいたかというと、**ビジョンや理念というのは、社員が働きがいを感じている会社ではすでに浸透しているし、そうでない会社ならば、外部の人間が何を言っても浸透させることはできない**という事実です。

社員が働きがいを感じていれば何も言う必要はない

ビジョンや理念、あるいはミッションという言い方もありますが、そうした経営の基盤となる考え方が大切だということは、経営者や幹部社員はもちろん、一般の社員の方々もよく分かっているのです。ただ、そうした考え方が実際に組織全体に浸透するのは、仕事をすることに喜びややりがいを感じられる職場だけなのです。

従業員の皆さんの前でビジョンや理念について話をすると、「きれいごとばかりを並べて……」と言わんばかりに反抗的な態度をとる人がいることがあります。たいていそういう会社は、数字だけを追いかけていたり、経営者が自己中心的であったり、公私混同して贅沢をしているなど、社員の皆さんがやる気をなくして、生活のために仕方なく働いているのです。結束力も何もない。だから、いまさらビジョンや理念などと言われても聞く耳を持ちません。いくら私が手助けをしようと思っても、どうにもならないのです。まず、働きがいです。そのためにも、先に話した「良い仕事」に集中させるのです。

反対に、社員の皆さんが働く喜びを感じている会社なら、何も言う必要はありません。自分たちが働いて、良い商品やサービスを提供して、お客さまに喜んでもらっている。社会に貢献している。つまり、自らが会社のビジョンや理念を実践しているのです。ですから、経営者が考えるビジョンや理念を話しても、すんなりと入っていくのです。

Q

021

どうすれば「働きがい」を感じてもらえるか？

A
021

良い仕事に集中してもらうこと。「規律の中の自由」を与えて、働く喜びを感じてもらうことが重要。

　では、どうすれば社員の皆さんに「働きがい」を感じてもらえるでしょうか？

　一つは、先に述べた「良い仕事」に集中してもらうことです。そのためには、お客さまに関係のない売上目標とか利益目標ではなく、お客さまが喜ぶ目標を立ててもらって、それを目指して仕事をしてもらうことです。それをやると売上高や利益が結果として上がるので、それらの数字は「良い仕事」の達成度合いという位置づけでチェックをするのです。あくまでも「良い仕事」です。それでお客さまに喜んでもらい、周りの仲間にも喜んでもらい、さらに工夫することで、より早く、より良くできれば、自分もうれしいですから、働きがいが高まっていくわけです。

工夫がうまくいくと「働きがい」が高まる

　工夫に関してもう少し詳しくお話しましょう。

　京都に歴史的建造物などに使われる特殊な鋳物を手がけている傳來工房という会社があるのですが、そこの社員さんは、お客さまや周りの仲間を喜ばすための工夫を競っていて、他社がバスツアーを組んで工場見学に訪れるほど有名になっています。たとえば、机の中の整理の仕方や備品の保存方法、道具の片付け方など、細かい部分に工夫が行き届いています。私がその会社を見学したときのことですが、お客さまに飲み物を出すときに、紙コップに一人ひとりの名前と「ようこそいらっしゃいました」というメッセージが書いてありました。ちょっとした心遣いや気づきなのですが、それが相手の心に伝わるのですね。社員の皆さんの気配りの度合いがすごく高いので、発注元さんも感心してしまって、下請けにもかかわらず現場の作業に関しては一切口を挟むなと元請け会社に指示しているほどです。

このように、働く人たちが自発的に工夫するような環境をつくることは、その職場の働きがいを高めるうえでとても有効なのです。

規律を守らせつつ、自由に働いてもらう

会社という組織には**「規律の中の自由」**が必要です。規律は必ず守らせないといけません。定時に出勤するとか、勤務時間中に仕事をさぼらないとか、当たり前のことですね。こういう規律をきっちり守らせたうえで、あとは管理せずに自由にさせてお

いた方がうまくいくものです。規律がないから管理が必要になるのです。

日本の会社では係長や課長などを「中間管理職」と呼びますが、これは言葉が良くないと私は思います。管理職と呼ぶと、皆が管理したがるようになります。何時から何時までどこで何をしていたかを日報に書かせたりとか。お客さまの情報は共有する必要がありますが、部下の行動まで管理する必要はありません。部下のパフォーマンスは、仕事ぶりを見ていれば分かるはずです。だから、余計な管理はせずに、自由に工夫させればいいのです。そうすると実力もついてくるし、なおかつ働きがいも高まっていくでしょう。

管理し過ぎると、人間は考えなくなります。「言われたことやっていればいいんでしょう」という気分になって、そのうち「やっているふり」をするようになります。自分でものを考えないので、意思決定する能力が落ちてくるのです。そうなると、会社の中で経営人材が育たなくなります。経営というのは意思決定の連続ですから。だから、社員が若いうちから、どんどん自分で意思決定させるような環境にしなければいけません。お掃除のようなささいなことでも、どこをどうやってきれいにするか工夫して、一つひとつ意思決定を重ねていくことがとても大事なのです。

経営コンサルタントの心得［その三］

「向いていない人」を採用してはいけない

何よりもお客さまに喜んでもらうことが社員の働きがいにつながります、周りの社員に喜んでもらうことも同じです、と講演会などでお話すると、「うちの社員は人を喜ばすことに関心がないみたいです」などと言う社長さんをときどき見かけますが、それは明らかに採用の誤りです。そんな人は社員として採用してはいけません。

そもそも会社というのは、英語でカンパニー（仲間）というように、仲間と一緒に働きながら、お客さまに喜んでもらえる商品やサービスを提供することで存続している組織です。人を喜ばすことに関心がないのなら、会社勤めなどしないで、芸術家やデイトレーダーなど、一人でもできる職業に就いてもらえばいいのです。

そういう意味では、会社にとって採用というのはすごく大事です。採用を間違うと、教育するのに大変な手間と時間とお金がかかります。「向いていない人」は教育効果も上がりません。曲がった木を矯正するよりも、はじめから真っすぐな木を選んだほうが楽に決まっています。

Q
022

会社が働く人に与えられる「二つの幸せ」とは?

A
022

「働く幸せ」と「経済的な幸せ」。まずは「働く幸せ」を優先することが大事。先に「経済的な幸せ」を追求すると、会社がうまくいかなくなる。

会社が従業員に与えられる幸せは二つあります。一つは「働く幸せ」、もう一つは「経済的な幸せ」なのですが、**この順番を間違えないようにすることが大事です。**

多くの会社は、働く人に先に経済的な幸せを追求させようとします。そうすると、たくさん利益が出ていて昇給を続けていられるうちはいいのですが、少し業績が悪くなって高い給料を支払えなくなると、社員が離れていきます。まさに「金の切れ目が縁の切れ目」になるのです。

「働く幸せ」が結果的にお金に結びつく

もちろん「経済的な幸せ」を与えなくてもいいのではなく、まずは社員に「働く幸せ」を感じてもらうことを優先すべきだということです。良い仕事をして、お客さまや一緒に働く仲間が喜んでくれたら、働くことに幸せを感じて、もっと頑張ろうと思う。そうすれば自然に会社は儲かりますから、それを適切に分配することで従業員の皆さんにも経済的な幸せを与えられるのです。

松下幸之助さんは、働くことの喜びが金銭に代えられると思っているうちは本当の仕事の喜びは分からないと言っています。この指摘は、経営者にも従業員にも、また経営コンサルタントにも当てはまると思います。

自分が「働く喜び」を感じられないと人に伝えられない

人に「働く喜び」を伝えられる人は、それを感じている人だけです。コンサルタントも同じです。自分自身が働く喜びを感じることができないうちは、人に働く喜びの大切さを伝えることができません。それが、ある程度の経験を重ねていくうちに、「この仕事をしていて本当に良かった」と感じる機会が出てきます。そうなって初めて、働く喜びを伝えられるようになるのです。経営者も同じですね。

Q
023

ビジネスパーソンの「基礎力」とは？

A
023

「思考力」と「実行力」。現在のビジネスパーソンには、複雑なことを複雑なまま考えられる思考力と、頭で分かっていることをきちんと行動に移す実行力の両方が必要。

現在のビジネスパーソンには「思考力」と「実行力」が必要です。これは経営者にも従業員にも当てはまりますが、この二つの能力があれば成功することができると思います。

いまの時代は、便利な電子機器が家庭や社会の隅々にまで普及していて、いちいち考えなくても生活できてしまうため、放っておくと思考力が落ちてしまうのです。移動するにしても、スマートフォンやICカードでピッと改札を通過して電車に乗って、出るときもピッと改札を出れば、目的の場所に行けます。昔なら、まず路線図を見て、運賃がいくらかを確認したうえで券売機で切符を買って、おつりを確認するという作業をしていましたが、今はそんなことをする必要がありません。だから、多くの人が運賃がいくらかさえも気にしなくなりました。JR山手線や東京メトロの初乗り運賃を正確に言える人も、ほとんどいないのではないでしょうか。

考える機会が減る一方で、世の中は複雑になっている

何かを調べるときも、グーグルで検索すればたいていのことが分かります。何かを

食べたければ、ぐるなびや食べログで調べると、お店の評価まで教えてくれます。それほど便利な世の中ですから、自分でものを調べたり、考えたり、仮設を立てるという機会がすごく少なくなっているのです。**便利な時代は頭を使わない時代でもあるのです。**

その反面、社会全体はより複雑になっています。電車の自動改札という仕組みにしても、すごく複雑な情報を迅速かつ正確に処理していかないと実現できるものではありません。会社の経営も複雑化しています。外部環境が目まぐるしく変化するなかで、利害関係者が増えて、法令などビジネスをめぐる規制やルールも煩雑になっています。そうしたなかで、経営者やビジネスパーソンには、複雑なことを複雑なままに考えられる思考力が求められています。

たとえば、会社のどの部門を売却して、どこと合併させるか、などといった意思決定をするとします。グーグルで検索しても答えは出てきませんから、自力で考えなければいけません。複雑なことを複雑なままに考えるのです。ここで問題を単純に割り切ろうとしても、うまくいきません。〇と一の間には〇・三三もあれば〇・七五もあるのですが、単純な人は〇・三三を〇、〇・七五を一と丸めてしまう。でも、それでは問題は正しく解決できません。思考力が必要なのです。

「分かる」＝「できる」ではない

二つめの「実行力」というのは、ひとことで言えば、頭で理解したことをきちんと実行する力です。

いまの日本の社会では、大学を卒業するまでは試験で良い点数を取れれば立派であるとみなされます。偏差値が高い学校に入って試験で良い点数を取れた人が、良い会社に入れるというのが世間相場になっています。そのため、頭が良いこと、言い方を変えると「分かる」ことが「できる」ことだと誤解したまま社会人になる人が多くなります。ところが現実の社会では、頭で分かっただけでは物事がうまく運びません。分かったことをきちんと実行する力がなければ、仕事をこなすことはできません。だからこそ、経営者やビジネスパーソンには「実行力」が求められるのです。

私は、実行力を身につけるためには「言ったことを守る」という訓練が欠かせないと思います。信用の「信」という字は「人」の「言」葉で成り立っていますね。だから自分で言ったことは、たとえ子どもと約束したことであっても必ず守る。「今度飲みに行きましょう」と約束したら実現させる。そうした実践の積み重ねによって、実行力が高まっていくのだと思います。だから私は小さな約束でも、手帳にメモするようにしています。

そして、思考力にしても実行力にしても、普段から鍛えておかないといけません。ある日突然身につくというものではないのです。その点から考えると、学生時代に学業だけでなく、運動部で活動していた人は、思考力も実行力も高い人が多いので、即戦力として期待できます。自分で考えられて、行動力もあって、しかも礼儀も正しいですから。とはいえ、そういう人材はどこの企業でも欲しがりますから、思うように採用できないというのが実情だと思います。いずれにしても、日ごろからの訓練です。コンサルタントは頭でっかちになりがちですから、行動する力も身につけなければいけません。これは経営者も同じですね。

Q
024

社員の基礎力を高めるために有効な方法は？

A
024

中小企業の場合は、環境整備に力を注ぐとともに、良い仕事に集中してもらう。収益力が高まってきたら「基礎力の高い人」を採用して、さらなる成長を目指す。

とくに中小企業の場合は、はじめから思考力と行動力を兼ね備えた「基礎力の高い人材」を採用するのは容易ではありません。そこで、既存の社員の基礎力をいかに高めるかが課題になります。

私の経験では、まずは**お掃除や挨拶など職場の環境整備に力を注ぐこと、あるいは、良い仕事に集中してもらうこと**が重要です。もちろん、両方やっても大丈夫です。これは「自分で考える」「行動する」という習慣を身につけてもらうために有効です。多くの会社を見てきた経験から言えるのですが、これがうまくいくと、その後、それほど時間がかからないうちに業績が上がります。

まずは環境整備に力を入れて基礎力の向上を目指す

ただ、前述したように、環境整備は大事な取り組みですが、経営の本質ではありません。あくまでも会社経営の目的は、お客さまに良い商品やサービスを提供することと、働く人の幸せを実現することです。環境整備はあくまでも基礎力を上げるための手段です。環境整備に力を入れ始めたら、少し業績が上向いたからといって、**環境整**

備を目的化してはいけません。会社の基礎力がある程度上がったら、商品・サービスの質を高めるという本来の目的に集中すべきです。その点は、経営コンサルタントとしても注意しておく必要があります。

収益力が上がれば「基礎力の高い人」を採用すべき

規模の小さな会社が環境整備や良い仕事に力を入れて、社員の基礎力が上がって、収益力が向上してきたとしましょう。そこで経営者がやらなければならないのは、社員の待遇を改善して、できるだけ基礎力の高い人を採用することです。

もちろん、既存の社員の能力を高めることにも継続して力を注ぐべきですが、最初から能力の高い人を採った方がいいに決まっています。基礎力の高い人材を採用することができれば、会社全体の実力が高まり、パフォーマンスもアップしていきます。

そうすると、零細企業が中小企業を経て中堅企業にステップアップして、場合によっては大企業へと成長するチャンスが出てくるわけです。

ここでコンサルタントとして重要なのは、会社がどの段階にあるのかを把握することです。会社の規模や経営力、売上高、利益などを考慮した上で、もう少し基礎力を高めないといけないのか、それとも基礎力の高い人を採用して、商品・サービスの質を高めた方がいいのか。経営者にとっても、経営コンサルタントにとっても、そこの見きわめが腕の見せ所になります。

経営コンサルタントの心得［その四］

「草野球チームを甲子園に連れて行く」

ある意味で経営コンサルタント、とくに中堅中小企業を対象にするコンサルタントの仕事は、草野球のチームを甲子園や都市対抗野球、究極的にはプロ野球に連れて行くことと言えます。たとえ零細企業のコーチでも仕事をすればお金はもらえますが、しょせんは草野球のコーチでしかありません。いつまでたっても収益力があがらずに悩み続けている監督（経営者）や選手（社員）に、そこから脱却する方法を教えてあげるのがコンサルタントの役割なのです。

ところが世の中のコンサルタントのなかには、会社があまり大きくなるのを喜ばない人もいます。なぜかと言えば、会社の規模が大きくなったら自分がお払い箱になるのでは……と心配になるからです。しかし、そんなケチなことを考えていたら、自分も会社も成長できません。せっかく経営コンサルタントという仕事を選んだのなら、「自分が甲子園に連れて行く」というくらいの気概をもって仕事に精進してもらいたいと思います。そのためにはコンサルタント自身が高い能力を必要とすることは言うまでもありません。

Q 025

コミュニケーションで大事な二つの要素は？

A
025

コミュニケーションでは「意味」を伝えると同時に、相手の「意識」に訴えかけることが重要。物事を正しく説明するだけでは、相手の心に響かない。

私は現在でも年間一〇〇回以上は講演に呼ばれる機会がありますが、講演などで大勢の皆さんに話を聞いてもらうときには、情報よりも気持ちを伝えることを大事にしています。

私は、講演は演歌のようなものだと考えています。演歌のファンの気持ちを考えると、聞きたいのはお馴染みのヒット曲で、それも同じように歌ってもらわないと興覚めでしょう。講演も同じなのです。そのため私が講演で話をするときには、その時々のトピックを盛り込みながらも、基本的には同じことをしゃべり続けています。同じことを何回も話して、それを何回も聞いてもらって安心していただく。ちゃんと気持ちが伝わっているから、何度でも呼んでいただけるのだと思っています。

資料に書いてあることをそのまま話しても気持ちは伝わらない

このことは、会社におけるコミュニケーションにも当てはまると思います。**コミュニケーションでは「意味」と「意識」の両方を伝えること**が大切です。意味をきちんと説明することももちろん大事なのですが、それ以上に、聞き手の意識に訴えかけるように話さなければ、満足してもらえません。

会社の会議も同じです。資料に書いてあることをそのまま話している人をよく見かけますが、それならば資料を渡せば済むことです。意味が伝わるだけで、意識はまったく伝わりません。日々の社員同士の会話でも同じです。部下に「この資料を一〇部コピーして」とお願いするにしても、こちらの態度や言い方によって、相手の気持ちは全然変わってきます。

意識がきちんと伝わっている会社は、経営の理念が組織の隅々まで行き渡っているので、おのずと業績にも反映されます。たとえば、セブン‐イレブンの一店舗あたりの日々の売上高が同業他社よりも一〇万円前後も高いのはなぜでしょうか。それは、一つひとつのことが同業他社より徹底されているからだと思います。**徹底の前提は意識の共有です。**一人ひとりのスーパーバイザーや店員さんの意識に差があれば、お客さまは敏感ですから、同じ業態で似たような戦略をとっているのに業績にも差が生じるのだと私は考えています。

第四章

経営者に求められる資質

ここからは、社長（経営者）にふさわしい人物の見きわめ方についての質問です。会社は社長で決まります。大企業でも中小企業でも同じです。会社を経営して成功に導くためには、それなりの人柄、能力、姿勢、行動が求められます。経営コンサルタントは、その人物が本当にリーダーとして適任かどうかを、冷静かつ客観的に評価する力を身につけなければいけません。

Q
026

経営者として成功するために
行うべきことは？

A 026

まずは「正しい努力」とは何なのかを知ること。
そして、その「正しい努力」を積み重ねること。

成功するためには、まず「正しい努力」を学ばないといけません。経営コンサルタントというのは、経営者のコーチのような存在です。私は、「経営者として成功したいのなら、しかるべき正しい努力をするべきだ」ということをお伝えしています。その「しかるべき正しい努力」が何かを教えることこそが、経営コンサルタントの仕事なのです。

そして、その**正しい努力を積み重ねる**ことも重要です。正しい努力の方向が分からなければ、いくら頑張っても成功しません。逆に、正しい努力が何たるかを知っていても、それを何百、何千と積み重ねない限り成果は出ないのです。

コンサルタントはレッスンプロのような存在

私は現在、六つの会社の社外役員と五つの会社の顧問をしています。セミナーでは正しい努力・考え方が何かということをお話するだけですが、社外役員や顧問を務めている会社では、ゴルフのラウンドレッスンのように、正しい努力・考え方が実践できているかどうかを対面で確認して助言させていただいています。

経営を「見ること」と「執行すること」は別物

「あなた自身が会社を経営できますか?」と問われたら、はっきりいって分かりません。私自身は一四人の小さな会社を経営していますし、社外役員や顧問を務めている会社では「経営を見ている」のですが、執行ができるかどうかは別問題だからです。

そういう意味では、社外役員や顧問というのは、私が考えている経営コンサルタントの仕事に近いと思います。経営の内部が見えますので、「ここがおかしい」「こうすればいいのではないですか」ということを提言できるからです。しかし執行ができるかは別ですから、執行レベルのことを知ったかぶりして話すことは控えるようにしています。

Q
027

会社をつぶす社長の特徴は？

A
027

自社の数字を把握していないような「大雑把な人物」や、世間にいい格好をしたがる「見栄っ張りな人物」、自分が正しいと思い込んで「反省をしない人物」は、会社をつぶす社長の典型。

会社をつぶしてしまう社長に当てはまる典型的な特徴として、次の三つを挙げることができます。「大雑把」で「見栄っ張り」、そして「反省をしない」ような人物は、経営者に向いていません。

会社の数字を把握していなければ社長は務まらない

まずは「大雑把」について。たとえば、会社の数字をきちんと把握していない社長さんが結構います。どんなお客さまが自分たちの商品・サービスを買ってくれているのか、前の月の売上高と利益はいくらだったのかなど、会社経営にとっての重要事項が頭に入っていないのです。目先の仕事で手一杯なのかもしれませんが、社長だからこそ会社の全体像を数字でつかんでおくことが大事なのです。もちろん、金額を一円単位まで覚える必要はありません。大企業なら億円単位、中小企業なら一〇〇万円単位でかまいませんので、月々の売上高がどの程度で、それが増えているのか、減っているのか、そこからどれくらいの利益が出ているのか、という程度の数字は常に押さえておく必要があります。なかには数字が不得意な社長もいますが、そういう場合は、財務担当者に主要な金額・数字をピックアップしてもらえばよいのです。

見栄を張っても負の遺産しか残らない

二つ目の「見栄っ張り」は「大雑把」よりたちが悪いと言えるでしょう。

経営者といえども人間ですから、自分のことを世間に大きく見せたいと思うのは無理もないのですが、会社がからむと話は別です。

たとえば、「会社の宣伝のため」だと言って豪華なパーティーを開催して著名人を招待したり、必要もないのに高級車を乗り回したりする社長を見かけることがあります。十分に利益が出ていて資金が余っているのなら、それほど問題にはならないかもしれませんが、なかには銀行から事業資金として借りたお金で贅沢をしようとする社長もいるから呆れてしまいます。そんなことをしたら、途端に経営者としての求心力が失われてしまい、行きつく先には不正会計が待ちかまえていることでしょう。

このようなことは、外部からの監査が行われていない中小企業で起こりがちなので、私は中小企業のオーナー経営者に対しては「等身大の生活を心がけてください」と注意を促すようにしています。高価な品物を購入することは決して悪いことではありませんが、あくまでも自分で稼いだお金で、それも自分のお小遣いで買うべきものです。

会社をつぶす社長ほど反省をしない

そして三つ目は「反省をしない」です。

論語に「吾、日に三たび吾が身を省みる」という記述があります。これは、孔子の弟子である曾子が語った言葉ですが、反省することの大切さを強調しています。「自分のやっていることが正しくないのではないか……」と常に自問することが、会社の経営者には求められています。

会社経営は、その時々の環境に応じてやり方を変えなければなりません。ところが、経営者の中には、過去の成功体験に固執するあまり、やり方を変えられない人がいます。その後失敗をしても、反省をしないのです。見方を変えれば、頑固で一途で筋が通っているとも言えるかもしれませんが、環境の変化が激しい現代の会社経営者には適していない性格です。

以前、一代で東証一部上場企業を育てた創業社長と話をする機会がありましたが、その社長さんは「反省では足りないですよ。自己否定をするくらいでないと……」とおっしゃっていました。聞いたときはショックを受けましたが、それくらい厳しく自分を変えていかないと、経営者としても人間としても大成できないということなのでしょう。

Q
028

指揮官が先頭に立っているか？

A
028

組織を動かすためには、正しいルールや目標を決めるだけでなく、経営者自らがそのルールを守り、目標に向かって行動しなければならない。トップが先頭に立たなければ、社員はついてこない。

これまでにも述べてきたように、会社経営には正しい思考が必要ですが、考えているだけでは社長は務まりません。会社という人間組織を率いていくうえでは、社長自らが先頭に立って行動することが欠かせません。これは「覚悟」の問題です。

口先だけの経営者が部下のモチベーションを下げる

一般的に、経営計画書や経営方針書には会社のビジョンや戦略が記載されているものですが、中小企業のなかには、それらに加えて、社員として望ましい行動について書かれている場合があります。たとえば「電話は三コール以内に取る」「出された食べものは残さない」などといったことです。

社員にふさわしい行動や正しい心がまえを教えようとすること自体は別に悪いことではありませんが、こういう教えを組織に浸透させるためには、社長自らが同じように行動する必要があります。「自分は経営者だから、自分の判断で行動してもいいんだ」などという気持ちを持っていると、社員も同じように考えて、誰もルールを守らなくなってしまうからです。日本国憲法を作った人は、憲法を勝手に解釈して行動しても許されるでしょうか？　自分で決めたことであっても、決めた以上は、それが上位概念になります。

私の知り合いの会社では、朝礼のときに経営方針書を読み上げる決まりがあります。その理由を聞くと、その会社の社長は「自分に言い聞かせるために読み上げてもらうようにしているのです」と答えたので感心したことがあります。つまり、経営方針書や経営計画書というのは社長自身が作ったものですが、自らが考えをぶらさないために作成するものだということです。自分が先頭に立って実践しなければ、部下はついてこないということを、この社長はよく分かっているのです。

Q 029

お客さまに会っているか？

A
029

社長が社内に閉じこもり、お客さまと接する機会が少ないと、お客さまが求めているＱＰＳが分からなくなり、正しい意思決定ができなくなる。経営者は積極的にお客さまの元へ足を運ぶよう心がけるべき。

以前、地方の優良会社の社長から「経営者と社員との間に距離があって、人間関係がぎくしゃくしている」という相談を受けたことがあります。そこで私は、「ご自身は現場に足を運んでいますか？」と質問しました。

地方にあるオーナー企業の二代目・三代目の中には、優秀な大学を卒業している人も少なからずいますが、その一方で、一般の社員の学歴はそれほど高くない場合があります。そのような場合、従業員が格下に見えてしまい、お客さまの元に足を運ぶことをしなくなりがちです。結果として、お客さまへの対応は営業スタッフなどに任せきりになり、お客さまが何を求めているのかが見えなくなります。社員の気持ちも分からなくなります。

「穴熊社長」にはお客さまの声は届かない

一倉定先生は「穴熊社長は会社をつぶす」と指摘されました。そのため一倉先生は、依頼元の社長に会うとすぐに「お客さまのところへ行こう」とおっしゃったそうです。お客さまのところへ行くと、社長が普段から足を運んでいるかどうかがすぐに分かります。その時点で「穴熊社長」だと判明したら、一倉先生はすぐに帰られてしまったということです。

社内に閉じこもってばかりで現場に疎い「穴熊社長」は、社内のことしか見えず、内部志向に陥りやすくなります。内部志向による弊害は、二つ考えられます。一つは、お客さまが求めているQPSが分からなくなること。もう一つは人事異動がおかしくなることです。人間というのは、自分の近くにいる人を重用する傾向があります。会社が大きくなるほど自分の遠くにいる人のことが見えづらくなりますので、現場の社員よりも近くにいる茶坊主のような社員を昇進させることが往々にして起こり得るわけです。

こうした弊害を回避するためにも、日頃から社員と一緒にお客さまを訪問したり、お客さまのイベントに参加して現場を見ることが重要なのです。

Q 030

いつも勉強しているか？

A
030

勉強することは、経営者として成功を収めるための必須条件。なかでも共通するのは「良い本を読む」こと。早い段階から正しい知識を身につけることが、成功への近道になる。

先ほど、会社をつぶす社長の特徴として「反省しないこと」を挙げました。反省しない人がなぜ反省しないのかと言えば、正しい基準を持っていないから。つまり、学ばないからです。

私は、本を読むなどして学ぶこと自体が時間の節約だと思っています。なぜなら、良い本には多くの人が長いあいだ考えてきた知識や知恵が集約されているからです。世の中には間違えが書いてある本も少なくありませんが、評価の高い本を選んで読むようにすれば、間違った知識に触れることが少なくなります。だからこそ、はじめから良い本に触れることがとても大切なのです。

成功者の共通点は「良い本を読んでいる」こと

ゴルフも同じでしょう。習い始めから正しいスイングを教えてもらうと、そのあとの上達が早くなります。最初に自己流で覚えてしまうと、正しいスイングに矯正することが難しくなります。

安岡正篤先生が、「話の聞き方を見ていると、だいたいどんな人物なのかが分かる」と本に書かれています。「聞く」ことは「学ぶ」ことと同じなのですが、「教えてもらおう」という素直で謙虚な気持ちがないと、人の話をしっかりと聞くことはできません。

一五年ほど前のことですが、講演会場で知人から「この人は、本も新聞も読まないのに会社を東証一部に上場させたんですよ」と言って、ある社長を紹介してもらったことがあります。そのときは「そんなこともあるのか……」と不思議に感じましたが、数ヵ月もしないうちに、当時の証券取引法違反でその社長が逮捕されたことを知りました。もしかしたら、そういう悪いニュースを見るのが怖いから、新聞を読まなかったのかもしれません。学ぶ姿勢がない経営者は成功しないという自分の仮説が正しかったと分かり、少しほっとしたことを覚えています。

Q
031

新聞を読んでいるか？

A
031

「社会」を知らなければ「会社」は経営できない。社会を知るためには新聞を読むことが一番の近道。まずは一面のトップ記事や大きな記事を毎日読み続けること。

会社経営者にとって、新聞を読むことは欠かせない習慣です。

私は、新聞を読むときには「まず一面のトップ記事を読んでください」とアドバイスしています。なぜならトップ記事には、新聞社がその日に一番伝えたいこと、言い換えれば、読者である世の中の人たちが一番関心を持つであろうことが掲載されているからです。

「会社」は「社会」の中で活動している

「会社」の漢字を入れ替えると「社会」になります。つまり、社会の中に会社があるわけです。社会の大きな流れが分からなければ、会社の外部環境の分析ができません。ですから、会社の経営者も経営コンサルタントも、社会の関心事がまとめて掲載されている新聞は、きちんと読んでおくべきです。

忙しくて新聞をきちんと読めないときもあるでしょう。そんなときには、一面のトップ記事のほかに、主要な記事のリード文だけでも読んでください。リード文が掲載されているような大きな記事はだいたい毎日一〇前後です。それがどの面（政治面、国際面、産業面、社会面）に載っていようと、毎日目を通していると、確実に意識が変わります。

当社のセミナーの会員さんにも、一面のトップ記事とリード文を毎日読むようにアドバイスしていますが、二ヵ月ほど続けるだけで「世の中の見え方が変わってきた」という声を耳にするようになります。

関心事が増えると、見える景色が変わってくる

毎日のようにセブン－イレブンを利用していても、ロゴの文字をよく見ている人は少ないでしょう。「7-ELEVEn」というロゴの最後の「n」だけが小文字になっていることに気づいている人はもっと少ないはずです。私がセミナーなどでそのことを指摘すると、多くの参加者が意識するようになり、街をあるいていても「n」が目に入るようになるといいます。つまり、関心を持つと物事が見えるようになるのです。ですから、たとえ興味のない新聞記事でも、毎日読んでいると、関心を持つことができるようになるのです。

会社の経営に熱心な経営者であれば、当然のことながら、会社や業界のことは熟知していますが、社会全体の動きにまで目配りしている人はあまり多くありません。企業経営において最も大事なのは「方向づけ」を適切に行うことですが、そのためには長期的な社会の大きな流れや短期的な経済動向を知る必要があります。その点を補ってあげることも、経営コンサルタントの大切な仕事なのです。

経営コンサルタントの心得［その五］

メモしなければ脳のデータベースに記録されない

新聞を読むうえでもう一つの大切なポイントは、メモをとることです。一日一つだけ、要点だけでいいので、メモする習慣をつけてほしいと思います。

会議や講演など人前で話をしているときのように、いざというときに役に立つのは、自分の脳のデータベースに入っている情報だけです。新聞をクリッピングしたり、スマホやパソコンに収録したりするのも悪くないのですが、そうした外部データベースは、とっさのときに使えません。会議で突然何かを聞かれたときなど、脳の記憶に刻み込まれていない知識はすぐに出てきません。スマホを操作しながら「ちょっと待ってください……」などと相手を待たせるのでは、コンサルタント失格です。

気になることがあれば必ずメモして、ときどきそれを見返すことで、脳のデータベースが整理され、そしてその情報量が増えていくのです。新聞記事をただ読んで、それをクリッピングしたからといっても、それを自分の情報として活用することはできないのです。

Q
032

師匠を持っているか？

A
032

良い本を読むことによって知識は深められるが、それを間違わずに行動に結びつけるには「師匠」の存在が助けになる。良い師匠と出会えるように、自分を磨いておくことが大切。

良い本を読むことと同じように、世の中の原理原則を教えてくれるような「良い師匠」を持つことも重要です。私がとてもラッキーだったのは、すでに紹介したように、藤本幸邦先生というお坊さんからいろいろと学べたことです。

藤本先生が「実践すること」の大切さを教えてくれた

藤本先生と初めてお会いしたのは、九州にある食品会社の二五周年パーティーでした。私自身、仏教や禅の思想に興味があり、普段から関連する本を読んでいたので、相手をしてやろうと思っていただけたのだと思います。さらにその後、私がカンボジアのＰＫＯに参加したことを知ると、実践にも取り組んでいることを認めてくださったようで、さまざまなことを教えてくださるようになり、私が自分の会社を設立すると、先生が携わっているボランティア活動の東京事務局長をやりなさいというお手紙をいただきました。以来、チャリティー講演会などを定期的に開催して、先生が亡くなられた後も恵まれない子どもたちを支える活動を手伝わせていただいています。

生身の人間に教えてもらうことが一番分かりやすい

藤本先生以外にも、師匠と呼べる人がいます。元外交官でコンサルタントや評論家として活躍している岡本行夫さんや、以前勤めていたセントケア・ホールディングの村上美晴さんからも、大切なことをいろいろ教わりました。

正しい行動を実践するには、生身の人間に教えてもらうのが一番の近道だと思いますが、良い機会にめぐりあえないこともあるでしょう。そういうときにこそ、本を読むことが大事なのです。常日頃から学びのレベルを高くしていれば、良い人と出会うことができます。逆に言えば、知識のレベルが低いままだと、なかなか良い人から相手にしてもらえません。誰が素晴らしい人かも分かりません。だから、勉強しなければいけないのです。

Q
033

自己中心的でないか？

A
033

お客さまや従業員のことよりも自分の利益を優先しようとすると会社経営はうまくいかないので、自己中心的な人物は経営者に向いていない。自己中心的であるかどうかを判断する基準は、自分のことを客観視できるかどうか。

儒教に「先義後利」という言葉があります。「義」は正しい行い、「利」は自分の利益を表しています。正しい行いを優先すると、利益は自然についてくると解釈できます。渋沢栄一も『論語と算盤』のなかで、この先義後利という考え方の重要性を強調しています。これを会社経営に当てはめると、「自分たちのことばかりを考えるのではなくて、まずはお客さまや社会のことを考えましょう」という意味になるでしょう。

これは何も、自分を犠牲にしなければいけないという意味ではありません。藤本幸邦先生も「自己犠牲をすると長続きしない」とおっしゃっていました。大事なのは優先順位で、先にお客さまをはじめ世の中の人に喜んでもらって、自分が利益を手にするのはその後ということなのです。一番良いのは、お客さまのためにも自分のためにもなることです。

自己中心的な人は自分を客観視できない

これとは反対に、まず自分の利益を優先しようとする自己中心的な人物が、企業経営者の中にもいます。いつも会社の利益（つまりは自分の利益）のことしか頭になくて、社会のことを考えることもなく、いかに従業員を働かせて、給料を安く抑えるかに知恵を絞っているような社長です。

社員というのは、会社の都合で損をすると、どこかで会社から得をしようとするものです。サービス残業をさせられたら、昼間の仕事で手を抜こうとか考えるようになります。けれども、人間には良心がありますから、きちんと待遇してあげると、仕事を怠けようとはしなくなります。だから私は、「社員には、少し得した気分にさせるくらいがちょうどいい。損した気持ちにさせると、ろくなことがありません」とアドバイスしています。同様に、お客さまや社会に損をさせても長続きしません。

成功する人は、相手の立場に立って物事を考えられる人です。そのためには、自身を客観視することも大切です。松下幸之助さんの言う「自己観照」は「自分の心を取り出して、客観的に見てみる」こと、つまり自分自身を客観的に見つめることを意味します。自己中心的な人は、自分を客観視することができません。それが自己中心的か否かの判断基準にもなるわけです。

Q
034

「なれる最高の自分」を目指しているか？

A
034

会社がある程度の利益を出せるようになると、現状に満足してしまう経営者が多いが、それでは凡庸な会社で終わってしまう。コンサルタントとしては、経営者にグッドで満足するのではなく、「なれる最高の自分、会社」を目標に、グレートへの飛躍を目指してもらってほしい。

「グッドはグレートの敵」という言葉があります。人間にとってグッドな状態は居心地がいいので、現状維持で満足してしまい、グレートを目指すことをしなくなるという意味です。会社経営も同様で、創業してしばらくの間は必死に頑張りますが、安定してある程度の利益が出るようになり、人並み以上の収入が得られるようになると、それ以上の成長を目指さなくなる経営者が少なくありません。社長がそんなことでは、従業員も上を目指すことをやめてしまい、現状維持どころか、経営が危うくなるおそれさえあります。

社長が上を目指さなければ、部下も努力をしなくなる

松下幸之助さんが指摘しているように、宇宙は生成発展していて、その原理に従っている世の中も生成発展しています。ということは、会社も一人ひとりの人間も、その場にとどまっていてはいけないのです。「なれる最高の自分」を目指すのが自然の摂理にかなうということです。

日本という国は経済的には豊かになって、食べることに困る人はほとんどいなくなりました。つまりグッドな状態が続いているわけですが、そこで満足していてはいけません。グッドではなくグレートな目標、「なれる最高の自分」という目標に向かって努力していくことが重要なのです。

いささか自慢話になりますが、私自身もいろいろな面で「なりたい自分」を目指して生きてきました。独立してからは「本を出版したい」「大学教授になりたい」「テレビに出演したい」「社長になりたい」など、いくつもの「なりたい自分」を実現することができました。「散歩のついでに富士山に登った人」がいないように、やはり自分なりに目標を掲げて、それを目指して努力することが大切なのだと思います。その大前提は、「なれる最高の自分」を目指すことだと私は考えています。

Q
035

素直か？

A

035

成功する人は素直な生き方をしている。素直であれば、世の中の変化や人の言うことを謙虚に受け止め、自分の間違いを認め、正しい道を歩み続けることができる。

素直であることは、企業経営者にとってだけでなく、人間としてとても大切です。環境が目まぐるしく変化する中で会社の舵取りをしていかなければいけないので、自分のやり方や考え方に執着していると、すぐに判断を誤ってしまうからです。世の中の新しい動きや他人の意見を謙虚に受け止めて、正しいと思うことは柔軟に取り入れていかなければ、会社を正しい方向へ導くことができません。

「自分は素直」だと思っている人は素直ではない

松下幸之助さんは、朝起きると「今日一日、素直でありますように」とお祈りをして、寝る前には「今日一日、素直であったかどうか」と反省することを繰り返していたそうです。人間がいつも素直でいることは難しいものだと、よく分かっていたからでしょう。

「自分は素直だ」と思い込んでいるような人がいたら、その人は素直かもしれませんが、それ以上に素直が伸びなくなります。現状の自分に満足していて、自分を変えようと思わなくなるので、誰かが正しい意見を言ってくれても、素直に耳を傾けることができないでしょう。本当に素直な人は、いつも「このままではダメだ」と感じているので、自分を変えることができるのです。「自分はこれでいい」と満足した途端に、成長は止まってしまうということです。

素直であることは、謙虚さの表れでもあります。役員や社長になると肩書きが立派になる反面、謙虚でなくなる人が増えますが、それではいけません。「実るほど頭を垂れる稲穂かな」という諺にもあるように、社長という肩書きや権威ではなく、実力で勝負しないといけないのです。そのことに気づくためにも、素直さが求められます。

Q
036

「人を心からほめる」ことができるか？

A
036

「人を心からほめる」ことができることは、経営者として成功する条件の一つ。口先だけで「おだてる」のではなく心から「ほめる」こと、ときに「叱る」ことが人を動かす秘訣。

第三章でも述べたように、会社組織を目的に向かって動かしていくうえでは、社員一人ひとりの長所を活かすことが重要ですが、そこで経営者やリーダーに必要なのは「心からほめる」ことです。ほめることができる人は長所を見つけられる人だからです。長所を見つけてその長所を心からほめることが重要です。

「おだてる」ことは皆の不利益になる

ここで気をつけなければいけないのは、「ほめる」と「おだてる」は違うということです。「ほめる」というのは、本当に良いと思ったことを「良い」と言うことで、これは相手にとっても組織全体にとっても有効です。一方、「おだてる」というのは、本心では大したことがないと思っているのに、口先だけで「すごいね」と言うことです。相手が真に受ければ、「こんな調子でいいんだ」と勘違いをして仕事や上司を甘く見るようになりますし、こちらの気持ちを見透かされると「心にもないことを……」と不信感を募らせる結果になります。**「ほめる」と「おだてる」は違う**のです。

だからこそ、本当にすごい思ったところを素直に「すごい」と言えるリーダーが、社員の長所を活かせるのです。

成功している経営者は「ほめ上手」

「成功している社長はほめ上手」というのが私の持論です。ほめ上手な社長は、本人がいないところで部下をほめます。本人のいる前では、ほめることもあれば、叱ることもあります。良いことは良い、ダメなことはダメと、しっかりと自分の評価を伝えているのです。それが相手に響くのも、心から思っていること、感じていることを、素直に言葉にしているからでしょう。

Q
037

信念を持っているか？

A
037

多くの従業員の上に立って会社組織を引っ張っていくためには「正しい信念」が必要。正しい信念を身につけるためには、古典を読んで正しい考え方を学ぶべき。

良い社長かどうかを見きわめる最後のポイントは、自分の生き方や会社経営についての信念を持っているかです。自分がすべきこととすべきでないこと、会社がどのような事業を展開して社会に貢献すべきかといった根本的なことに関して、しっかりとした自分自身の軸を持っていることが大切です。

ただし、信念の中には「正しい信念」と「間違った信念」がありますので注意しなければなりません。「自分さえ良ければいい」という自己中心的な考えは間違った信念で、そんな信念を持っている人物は経営者にふさわしくありません。

「正しい信念」を身につけることが成功への道

他人に厳しいことを言ったり、組織を引っ張っていくためには、大きなエネルギーが必要です。さまざまな人からの批判に耐えたり、圧力や抵抗勢力とも闘っていかなければならないからです。その**エネルギーの源泉は信念**だと私は考えています。そこで何も信念をもち合わせていなければ、強く前に進んだり、厳しいことを言えなくなります。

「正しい信念」を身につけるためには、正しい考え方が記してある古典を読むのが一番の近道です。長い間多くの人が正しいと言ってきたことを学ぶのです。古典というのは、キリスト教の聖書や『論語』、仏教関係の書物など、何千年ものあいだ読み継がれてきた文献です。原典にあたるのはハードルが高いと思いますので、そうした古典を読み下した本や、その内容をきちんと理解している名経営者——たとえば松下幸之助さんや稲盛和夫さん——の著書を読んでもいいでしょう。あるいは、ピーター・ドラッカーのような経営学者の著作も、経営の根本を勉強するにはたいへん有益です。

「正しい信念」は誰でも勉強できる

つまり、「正しい信念」のお手本は私たちの身近に存在しているので、勉強しようという気持ちさえあれば誰でも身につけることができます。自分の思いつきや、独りよがりの考えにしがみついていては、経営者として成長することはできません。コンサルタントも同じです。勉強すべきことは決まっているのです。

第五章

会計と財務の要点

経営コンサルタントには、財務諸表（貸借対照表、損益計算書、キャッシュ・フロー計算書）の数字を正しく理解して、いま会社がどのような状況にあるのかを把握する能力が不可欠です。財務諸表を読むときにポイントとなるのが「安全性」「収益性」「将来性」の三つです。

Q
038

貸借対照表の「負債」と「純資産」の違いは？

A
038

「負債」は、将来のある時点で必ず返済しなければいけない資金。「純資産」は、会社を解散でもしない限り返済しなくてもいい資金。

会社の貸借対照表は「資産の部」「負債の部」「純資産の部」に分かれています。決算短信などでは別々のページに記載されていることも多いですが、左側（負債の部）の合計金額と右側（負債の部＋純資産の部）の合計金額がバランスしている（等しくなる）ので、バランスシートと呼ばれているわけです。

これを分かりやすく説明すると、資産の部というのは会社の財産を表しています。「現金および預金」から始まって、土地、建物や工場の機械などの資産の価値が、原則として取得したときの価格で表示されています。そして、資産の部に計上されている財産を買うためのお金をどうやって調達したのかという内訳が、「負債の部」と「純資産の部」に記載されています。

「負債」は必ず返済しなければならない

経営者や経営コンサルタントの立場からバランスシートの「負債の部」と「純資産の部」を見るときに、**何よりも理解しておかなければいけないのは「負債」と「純資産」の違い**です。つまり、会社が調達したお金が負債である場合と、純資産である場合とでは、経営的に何が違うのかということです。

私は二〇〇五年から二〇〇九年まで明治大学の会計大学院で特任教授を務めていました。学生たちは主に会計士や税理士を目指していたので、財務諸表の作り方に関してはとても詳しいのですが、読み方がよく分かっていないようでした。私が「負債と純資産の違いは？」と聞くと、ほぼ例外なく「負債は他人資本で、純資産は自己資本です」という答えが返ってきます。そこで私は、「試験でその答えを書いたら〇点ですよ」と言いました。

たしかに会計の教科書を見れば「負債は他人資本、純資産は自己資本」と書いてあるので、間違ってはいないのですが、それでは本質を突いていません。会社経営の実務を踏まえて両者の違いを言い表すならば、「負債は将来のある時点で必ず返済しなければいけない資金、純資産は会社を解散しない限り返済しなくてもいい資金」と理解するのが正解なのです。だから私は学生たちにも、こう理解してほしいと説明しました。

会社というのは負債が返済できなくなったときにつぶれます。純資産が返済できなくなってつぶれることはあり得ないのです。だから、実際に会社を経営する人間ならば、返さないといけないお金と、返さなくていいお金の違いを頭に叩き込んでおかないといけません。「負債＝他人資本」「純資産＝自己資本」という区別では実態がよく分からないのです。そもそも純資産だって、他人が出資している場合が多いですから。

経営コンサルタントは「未来を見る」

そもそも会計士や税理士は財務諸表を作る人なのです。すでに終わった期の財務状況を会計ルールに当てはめて、貸借対照表と損益計算書とキャッシュ・フロー計算書を正確に作成するのが仕事です。言い換えれば、税理士や会計士は過去を扱っているわけです。それも一円単位で間違わないように数字を作成しなければいけません。

それに対して経営者や経営コンサルタントは、過去を踏まえたうえで未来を見る仕事です。**企業経営において一番大事なのは「方向づけ」**、つまり、これから何をするか、何をやめるかを決めることです。そこでは何も一円単位で物事を考える必要はありません。方向づけも八割くらい合っていれば十分なのです。

つまり、会計士や税理士と経営コンサルタントでは、本質的に思考パターンが違うわけです。別にどちらが良い、悪いということではなく、仕事の習性として異なるのです。ですから、同じことが書いてある財務諸表を見るときも、会計士や税理士のような見方をするのではなく、**経営コンサルタントなりの見方でポイントを押さえて、会社の状況と先行きをつかむ**ようにしなければならないのです。

Q
039

流動比率と自己資本比率の関係は？

A
039

「流動比率」は、１年以内に現金化できる資産（＝流動資産）が１年以内に返済しなくてはいけない負債（＝流動負債）をどれだけ上回っているかを示す指標。流動比率が高くないと資金繰りが苦しくなる業種では、会社の自己資本比率を高くしておく必要がある。

会社は負債が返せなくなるとつぶれるのですが、より正確に言うと、負債のうちの「流動負債」が返せなくなると会社はつぶれます。流動負債とは「一年以内に返済しないといけない資金」で、返済期日が一年を超えている負債は固定負債といいます。当然、流動負債のほうが返済期日が先に訪れるので、流動負債が返せなくなると会社がつぶれるわけです。

「流動比率」という指標は、この流動負債を返済できるかどうかの能力を表しています。一年以内に現金化できる資産（＝流動資産）を流動負債で割ると、流動比率が計算できます。たとえば流動負債が三〇億円で流動資産が四五億円なら、流動比率は一五〇％（＝四五億円÷三〇億円）です。流動比率は一般的には一二〇％以上あれば安全と言われていますが、業種や業態によって事情がかなり異なるので、一律に適用しようとすると危険です。

日銭が稼げる業種なら流動比率は低くてもよい

たとえば、利益がある程度出ている電鉄会社なら流動比率が五〇％程度でも資金繰りは問題ありません。鉄道会社の場合、乗客は現金払いで売掛金がほとんど発生しません。電車をツケで乗る人なんていませんから。そのうえ定期券の代金やＩＣカードのチャージ金額は先払いですから、キャッシュが余ってくるわけです。

スーパーマーケットのような小売業も、やはり日銭を稼ぐことができるので、流動比率は七〇％くらいで十分です。スーパーなら、仕入れの代金はたいていは四五日後か六〇日後に支払うことになるので買掛金が膨らみます。その一方で、店で商品が売れたらすぐに現金が入ってきますから売掛金は少なくなります。特に生鮮品などを多く扱っていると在庫の回転も速いですから、在庫はあまり抱えなくて済みます。だから流動比率が七〇％程度でも資金が回っていくわけです。

病院や介護事業は資金繰りがシビア

反対に、流動比率が一二〇％でも資金繰りがしんどい業種もあります。商品やサービスを売ってから一ヵ月か二ヵ月経たないとお金が入ってこないような、売掛金が多い業種です。典型的なのは病院です。一見すると現金商売のように見えるのですが、七割から九割が健康保険から支払われて、お金が入ってくるのは一ヵ月後か一ヵ月半後です。

もっと大変なのが介護サービスの会社です。特に在宅介護サービスは被介護者の負担が一割で、九割が介護保険から支払われています。市町村の保険窓口に請求してから、早くて一ヵ月半、遅ければ二ヵ月半くらいかかるときがあります。しかも介護分野は市場が伸びているので売上が増える傾向にあり、それだけ売掛金が膨らみやすい状況にあります。一方の費用はといえば、毎月決まった日に介護士さんたちへ支払う給料が大半を占めますから、買掛金はほとんどありません。だから在宅介護の会社は流動比率が一二〇％以上あっても資金繰りが楽ではないのです。

経営コンサルタントとしては、こうした業種や業態による資金繰りの違いを押さえておかないと、会社ごとに的確なアドバイスはできません。業種ごと、あるいは企業ごとの業績の波や財務内容、資金繰りの状況を把握しておくことが大切です。

より安全性を求めるなら自己資本比率を高くする

売掛金が膨らみがちで、高い流動比率が常時必要な会社なら、短期ではなく長期で借りたほうが安全です。そして長期の負債よりももっと安全なのは、純資産として資金を調達すること、つまり「自己資本比率」を高めることです。自己資本比率とは、総資本（＝負債と純資産の合計額＝資産合計）に占める純資産の割合です。上場会社の場合はもう少し定義が細かくて、純資産から新株予約権と非支配株主持分（少数株主持分）の部分を除いた金額が、総資本に占める割合ということになりますが、中小企業の実務感覚では、会社が調達した資金のうちの「返さなくていいお金（純資産）」の割合と考えておけばいいでしょう。

返さなくていいお金（純資産）の部分を増やす方法の一つは、増資です。実際、在宅介護の大手企業などが比較的早い段階で上場するのは、それが理由ではないかと私は考えています。言い方を変えると、**流動比率が高くても資金繰りが苦しくなりやすい会社は、自己資本比率を高くしておく必要がある**ということです。また、景気の変動により利益の増減の激しい企業も自己資本比率を高めておく必要があります。

Q
040

手元流動性の適正額は？

A
040

月末時点で、大企業なら月商の１ヵ月分程度、中堅企業の場合は月商の1.2ヵ月分から1.5ヵ月分が目安。中小企業の場合は1.7ヵ月分を確保しておきたい。

会社は必要な資金がないとつぶれます。どれだけの「手元流動性」を確保すべきかということは短期的にはきわめて重要です。手元流動性（比率）というのは、すぐに現金化して支払いに充てることのできる資産が、月の売上規模（月商）に対してどれだけあるかを示すものです。この手元流動性が低ければ、いざというときに支払いができなくなるおそれがあるので、この指標はきわめて重要です。

「すぐに現金化できる資産」が足りないと資金繰りが危うくなる

「すぐに現金化できる資産」には現金や預金の他に、流動資産に属する有価証券などが含まれます。中小企業の場合には社長が入っている生命保険などもいざというときの貴重な資金源になります。加えて、すぐに調達できる資金がどれだけあるかという点も重要です。たとえば銀行とコミットメントラインの契約を結んでいれば、一定の融資枠の範囲内であればすぐに融資を実行してもらえます。

ですから、実際にはこうした諸々の資金調達手段を含めた「すぐに現金化できる資産」が月商の何ヵ月分あるかが重要になります。月商は、一年間の売上高（年商）を一二で割った金額を使うことが多いのですが、季節によって売上が大きくぶれて、売上次第で資金繰りが左右される会社というのも少なくありません。そういう会社では、直近三ヵ月分の売上高を三で割った方が、実情に近い手元流動性を算出できる場合もあります。

中小企業は一・七ヵ月分の手元流動性を確保しておきたい

どの程度の手元流動性が必要かは個々の会社によって異なるのですが、一般的に大企業の場合は月末時点で月商の一ヵ月分くらいの手元流動性を確保できていれば問題ないと思います。東証二部やジャスダックに上場しているくらい、売上高が数百億円程度の中堅企業なら月商の一・二ヵ月分から一・五ヵ月くらいが目安になるでしょう。そして、これよりも規模の小さな中小企業の場合は、一・七ヵ月分は確保しておいた方がいいでしょう。

なぜかと言えば、会社の規模が小さくなるほど資金調達には時間がかかるからです。大企業なら銀行はすぐ貸してくれますし、場合によっては自らコマーシャルペーパーを発行して短期の資金を調達することもできます。これに対して、地元の信用金庫としか付き合いがないような中小企業なら、数千万円程度の融資でも二週間も待たされることがあります。切羽詰まっていたら、その間に資金繰りが滞ってしまいかねません。

実務的には、少なくとも資金繰りの心配をしなくてもいいくらいの手元流動性を確保しておくべきです。自分の会社の数字的な目安がどれくらいかということを頭に入れたうえで、より安全な会社経営を心がけてほしいものです。資金繰りが立ち行かなくなるというのは、社長にとっては心の余裕がなくなりますし、経営コンサルタントにとってもしんどいですから。松下幸之助さんが提唱した「ダム経営」に見習って、いつも安定した水（お金）を供給できるように、余裕を持った資金計画を立てておくのが会社経営の大原則なのです。

経営コンサルタントの心得【その六】

財務の考え方の基本は上場企業も中小企業も同じ

会社の経営事情は一社ごとに違いますし、財務状況について助言する内容もケースバイケースなのですが、それでも確実に言えるのは、どんな会社でも原理原則は同じだということです。上場していない中堅・中小企業の場合は、自己資本比率は好きなだけ上げていいですよとアドバイスすることが多いのですが、それは安全性が高まるからです。

一方、上場会社の場合は株主や投資家がどう見ているかということも考慮しなければいけないので、ROE（自己資本利益率）やWACC（加重平均資本コスト）、ROA（総資産利益率）といった指標を最適な水準に保つというようなことも考えなければなりません。加えて、上場企業になると、会社法だけでなく金融商品取引法の規制に従わなければいけないので、財務諸表の作成方法なども複雑になってきます。

とは言え、上場企業も中小企業も、財務状況を評価する際の原理原則は変わりません。目先の資金繰りや緊急時の資金需要に対処できるだけの手元流動性を確保した上で、資本を効率的に活用して利益を上げ、そこから給料や税金や配当を支払い、将来のために投資する、ということがきちんとできているかどうかが重要なのです。

Q
041

会社の安全性を判断するときに真っ先に見るべき指標は？

A
041

資金繰りに行き詰まりそうなときは、まず手元流動性を確認すること。自己資本比率を下げてでもお金を借りて、手元流動性を確保しなければならない場合もある。

ここまでに自己資本比率と流動比率、手元流動性についてお話しました。この三つの指標が安全圏にあるのなら、その会社の財務面での心配はほとんどありません。

ただし、同じ安全性を示す指標でも、その意味合いは少し異なります。自己資本比率は会社の中長期的な安定度を表していますが、「中長期的な安定」というのは「短期的な安全」が確保されていないと意味がありません。たとえ自己資本比率が六〇％を上回っていても、決算期から三ヵ月も経たないうちにつぶれる会社もあるのです。

その理由は簡単で、前述のとおり、会社というのはお金が回らなくなったときにつぶれるからです。

会社の安全性は「現預金に近いところ」から見る

ですから、会社の目先の安全性を確認するときには、現預金に近いところからチェックしなければいけません。つまり、**真っ先に手元流動性を確認すべき**なのです。私なら、もしも資金繰りに行き詰まりそうだという会社があれば、バランスシートで流動比率や自己資本比率を確認する前に、まず「今の手元流動性はどのくらいですか?」と聞きます。バランスシートは過去の数字で、大事なのは今の状況ですから。今この瞬間に手元流動性が不足しているのであれば、自己資本比率が低下することなど気にせずにお金を借りないといけません。緊急時には何を差し置いても手元流動性、その次に流動比率で、自己資本比率は後回しにすべきなのです。

これは少し考えれば当たり前のことなのですが、実践できていない社長さんも少なくありません。二〇〇〇年頃の話ですが、そこそこ業績の良かった会社の社長さんが、自己資本比率を高めようと思って、少し余り気味だった現預金で借入金を返済しました。必要になったら改めて借りればいいと考えていたのでしょう。ところが直後に業績が悪化して、同時に銀行が貸し渋りをするようになったので、資金が回らなくなってしまいました。何とか経営者仲間から資金を融通してもらって倒産は免れたのですが、手元流動性を甘く見たために冷や汗をかいたわけです。そういう例が実際にあるので、とにかく現預金に近いところから安全性を考えることが大切と、顧問先さんやセミナー参加者の皆さんには口を酸っぱくしてお願いしているわけです。

Q
042

キャッシュ・フロー計算書のどこに注目すべきか？

A
042

どれだけ稼ぐことができているかを「キャッシュ・フロー・マージン」で確認したうえで、「投資活動によるキャッシュ・フロー」を見て将来にどれだけ投資しているかを確認する。

中小企業にはあまり関係がないのですが、上場企業の場合は、貸借対照表と損益計算書に加えてキャッシュ・フロー計算書の作成が義務づけられています。

キャッシュ・フロー計算書には三種類のキャッシュ・フローが記載されています。本業でどれだけキャッシュを稼いだかを表す「営業キャッシュ・フロー」と、どれだけ投資にお金を使っているか、回収したかを表す「投資活動によるキャッシュ・フロー」、そして、お金をどれだけ調達したか、返却したかを表す「財務活動によるキャッシュ・フロー」です。

このキャッシュ・フロー計算を見るときに、私が特に注目しているポイントが二つあります。

キャッシュ・フロー・マージン＝七％が合格水準

一つは「キャッシュ・フロー・マージン」です。キャッシュ・フロー・マージンというのは、営業キャッシュ・フローを売上高で割った数字で、会社の売上規模に対して、どれだけキャッシュを稼ぐことができているかを表しています。私は、**キャッシ**

ュ・フロー・マージンが七％を超えていれば合格だと考えています。

もう一つは、未来への投資を怠っていないかという視点から投資活動によるキャッシュ・フローをチェックしています。具体的には、まず投資活動によるキャッシュ・フローの中にある「有形固定資産の取得による支出」から「有形固定資産の売却による収入」を差し引くと、設備投資費にほぼ相当する金額（投資額が多いほどマイナスになります）が分かります。次に、この金額と、営業活動によるキャッシュ・フローの中の「減価償却費および償却費」とを見比べて、前者のほうが多ければ、資産価値の目減り分よりも多い投資をしていることになるので、将来のために積極的に投資している会社と評価できるわけです。

中小企業の場合はキャッシュ・フロー計算書がないので外部からは分かりにくいのですが、経営コンサルタントなら経営者に直接質問して、設備投資費と減価償却費を教えてもらえばいいのです。たいていの会社は減価償却費分くらいは再投資しないと、現状維持で精いっぱいで、未来投資のためには不十分です。

Q
043

「バランスシートが痩せている」とはどういうことか？

A
043

利益が増えそうになると、オーナー経営者が節税のために自分の給料として受け取ってしまうので、いつまでも純資産が増えず、自己資本比率が低いままの会社が少なくない。

貸借対照表（バランスシート）の純資産の部を細かく見ると、株主資本、その他包括利益累計額、新株予約権、非支配株主持分などに分かれていて、株主資本の中には「利益剰余金」という項目があります。利益剰余金は、簡単に言うと「純利益の蓄積」に相当する金額で、損益計算書で純利益が計上されると、いったんここに入って、ここから配当することになります。ですから、この利益剰余金の多寡を見れば、財務的に余裕のある会社かどうかを判断することができます。

利益が出そうになると社長が自分に給料を払う

ところが、オーナー経営の中小企業でよく見られるのですが、比較的社歴が長いにもかかわらず、純資産が増えずに自己資本比率が低いままという会社があります。利益が出そうになると、法人税で持っていかれてしまうのが惜しいので、社長が自分に給料として払うからです。会社として利益が計上されないので、利益剰余金が増えていかず、いつまで経っても自己資本比率が低い。私はそういう会社のことを**「バランスシートが痩せている」**と言い表しています。

純資産が少ないということは、現預金も不足しがちで設備投資も十分にできていない可能性が高いので、会社の将来性が非常に低くなってしまいます。つまり、この利益剰余金という一項目だけを見ても、経営者の姿勢というのが分かります。経営者がどれだけの給料をもらっているかは、上場企業の場合は合計あるいは個別に開示されていますが、上場していない会社の場合には開示されていないところがほとんどです。でも、逆算すればだいたいの実態は分かります。

松下幸之助さんも稲盛和夫さんも指摘していますが、会社の経理は公明正大であることがとても大事です。事業がうまくいって会社がたくさん稼いだなら、経営者が多額の報酬を受け取ることは別に悪いことではありません。ただし、自分が受け取るのは、会社が十分な利益を計上して、従業員の給料や株主への配当、税金をきちんと支払った後でなければいけません。税金を払いたくないから利益を計上しないなどというケチなことを言っていたら、会社は絶対に成長できません。利益剰余金が増えずにバランスシートが痩せているなんて、会社にとっては恥ですから、いずれ働いている人にもお客さまにも見放されてしまうでしょう。

Q
044

「高収益」の定義は？

A
044

会社が生み出す「付加価値の２割以上の営業利益」を計上すること。付加価値とは、小売業の場合は売上総利益に相当する金額。製造業の場合は、売上総利益に製造に関わる人件費や減価償却費を足し戻した金額。

Q19でも述べたように、良い会社の三つの要素は、「お客さまが喜ぶ会社」と「働く人が幸せになる会社」、そして「高収益」であることです。では、三番目の高収益な会社というのは、具体的に何が高収益なのかを考えてみます。

高収益の条件は「営業利益が付加価値の二割以上」

どのような会社が高収益かという点に関しては、私なりの定義があります。それは、**会社が生み出す付加価値の二割以上の営業利益を計上しているか**どうかです。単に売上高や利益が多ければいいのではなく、付加価値をベースにしているところがポイントです。

付加価値というのは、たとえば卸売業や小売業ならば、売上高から売上原価を差し引いた売上総利益に相当します。製造業の場合は、その売上総利益に、製造に関わる人件費や減価償却費を足し戻した金額が付加価値になります。そうした付加価値の二割以上の営業利益を稼いでいれば、その会社は「高収益」です。

大企業の中にはこの基準をクリアできている会社は少なくありませんが、中小企業にとってはかなりハードルが高いと言えます。それでも私は、中小企業の社長さんに対しても、「付加価値の二割の営業利益を目指してください」とアドバイスしていきます。それも、従業員には同業他社より一割多い給料、古参の幹部社員には年収一〇〇〇万円以上を支払ったうえで、その基準を達成してくださいと言っています。従業員の給料を減らせば会社の利益が増えますが、それでは意味がありません。

私が「付加価値の二割の営業利益」にこだわるのは、やはり高収益な会社でないと待遇や福利厚生を充実させられないし、十分な設備投資もできないからです。採用にも余裕がなくなってしまうので、成長するのが難しくなります。クライアントさんからは「そんなに利益が出ていれば苦労しません」と言われますが、そこはやはり経営努力をして、先にお話したQとPとSの組み合わせを工夫して、お客さまに喜んでいただける商品・サービスを提供していくことと、工夫してムダな経費を削ることをしなければ、高収益な会社にはなれません。

Q
045

ＲＯＥとＲＯＡの関係は？

A
045

ＲＯＡ（総資産利益率）を上げたうえでＲＯＥ（自己資本利益率）を上げるのが正しい考え方。経営者は純資産と負債の両方に対して責任を負っているので、総資産（負債と純資産の合計）に対してどれだけ利益を出すかを考えるべき。

ここからは少し上級編になります。会社が調達した資金をどれだけ効率的に活用して利益を上げているかを示す指標に、ROE（自己資本利益率）とROA（総資産利益率）があります。ROEは、バランスシートの自己資本（純資産から新株予約権、非支配株主持分を引いた金額）に対する純利益の割合、ROAは総資産（負債と純資産の合計）に対する純利益の割合をそれぞれパーセンテージで表します。

多くの日本企業がROE＝八％を目指してきた

二〇一〇年代に入り、日本政府が企業の成長戦略の一環としてコーポレートガバナンス改革に着手しました。その頃から、従来の日本企業のROEは低すぎるので、国際的に遜色のない八％くらいを目標にしようという機運が高まりました。今では多くの上場企業がROE八％を達成して、一〇％以上を目指している企業も出てきています。

私も、企業が資本効率を重視してROEを向上させようとしていること自体は悪くないと思いますが、一方ではROEが偏重される風潮も強まっていて、「とにかくR

OEを上げればいい」というような安易なアドバイスをする経営コンサルタントが出てきていることには懸念を感じています。

ROEは純利益を自己資本で割ったものですから、分子（純利益）を増やしても分母（自己資本）を減らしても数字を上げることができます。もちろん企業経営としては純利益を増やすほうが良いのですが、自己資本を減らすという方法もあるわけです。たとえば自社株を購入すると、会計的には株主資本が減りますから、自己資本も減ってROEが高くなります。もともと自己資本比率が高い企業なら問題ありませんが、自己資本比率の低い会社がそれやると、中長期的な会社の安定性が損なわれます。

ROEだけを目標にすると方向を見誤る

計算式をよく見ると、**ROE（＝純利益／自己資本）というのはROA（＝純利益／総資産）に自己資本比率の逆数（＝総資産／自己資本）を掛けた値**です。ということは、前述のように自己資本比率を下げてもROEは上がりますが、ROAを上げてもROEが高くなります。それならば、ROEを高くすることを考える前に、ROA

を高くすることを考えた方が、企業経営としては健全だと私は考えています。

株主の立場からすると、自分の持ち分（自己資本）を使ってどれだけ利益を上げているかという点を重視したくなるのは自然なのですが、経営者というのは自己資本に対してだけでなく負債に対しても責任を負っているわけですから、負債と純資産を合計した金額（総資産）に対して、どれだけ利益を出すかということを考えるべきだと思うのです。だから経営コンサルタントとしても、目先のＲＯＥを上げましょうなどとアドバイスするのは無責任です。顧客企業にまっとうな経営を目指してほしいなら、**ＲＯＡを高めて結果としてＲＯＥを高めるべき**だとアドバイスすべきでしょう。

中小企業の目安は「ＲＯＡ五％以上の営業利益」

とはいえ、ＲＯＥというのは基本的には上場企業にとって意味のある経営指標なので、未上場の中堅企業や中小企業はあまり意識する必要はないと思います。特に中小企業にとっては何よりも安全性が重要ですから、前述のように手元流動性、流動性比率、自己資本比率に注意して、資金繰りや中長期の安定性を確保するよう努めるべきです。中小企業の場合、ROEを高くするために自己資本比率を下げるなんてとんでもないことです。

ただ、規模は小さくても同じ株式会社ですから、資本を効率的に使って利益を上げることを考えなければいけません。そこで私は、中小企業の経営者に対しては**「営業利益ベースでROA五％以上は必要」**とアドバイスしています。純利益ではなく営業利益でかまいません。負債と自己資本にきちんと責任を持って、その合計である総資産に対してどのくらいの利益を上げればいいかという、考え方を意識してもらいたいからです。

Q
046

ＷＡＣＣとＲＯＡの関係は？

A
046

ＷＡＣＣ（加重平均資本コスト）は、企業が調達した資金（負債＋純資産）にかかるコスト。ＲＯＡがWＡＣＣと同水準かそれ以上ならば、資金調達コストに見合う利益を上げていることになる。

企業が調達する資金は二種類に大別できます。一つは負債で、買掛金などのほか、銀行からの借入金や社債を発行して調達した資金などです。負債には買掛金のような無利子負債と銀行借入のような有利子負債があり、有利子負債は年に何%という金利を支払わなければいけないので、これが負債の調達コストになります。

純資産の調達コストは「国債の金利プラスアルファ」

もう一つは純資産で、主に株式を発行して調達した資金や利益の蓄積（利益剰余金）です。純資産には決まった金利がありませんから、こちらの調達コストは計算が少し難しくなります。現在のファイナンス理論では、**純資産の調達コストは株主から見た期待利回り**に相当すると考えられています。これは簡単に言うと「国債の金利プラスアルファ」ということです。仮に国債の金利と同じなら、投資家はリスクのある株式を買わずに国債を買うはずです。だから、純資産には国債の金利プラスアルファの利回りが期待されており、それが純資産の調達コストになるという理屈です。純資産の調達コストは企業によってまちまちで、株価の変動が比較的安定している企業では五％程度、変動幅が大きいと一〇％を超える場合もあります。

そして、これら二種類の資金の調達コスト――負債の調達コストと純資産の調達コスト――をすべて加重平均したものを、ＷＡＣＣ（加重平均資本コスト）と呼びます。

ＷＡＣＣ＝五％なら、ＲＯＡは五％以上を目指す

日本の上場企業の場合、ＷＡＣＣはだいたい五％前後と言われています。つまり、負債と純資産を合計したすべての資本にかかる調達コストが五％、言い換えれば、全資本を金利五％で調達して事業を行っているわけです。いろいろな事業を行って会社全体として五％以上の利益を生み出さないと、資本コストに見合わないわけです。

ここで思い出していただきたいのが、ＲＯＡ（総資産利益率）という指標です。ＲＯＡは純利益を総資産で割った値でしたね。総資産はバランスシートの右側の金額（負債＋純資産）と一致しますから、ＷＡＣＣ＝五％のときにＲＯＡ＝五％以上ならば、資本コストに見合う利益を上げていることになるのです。

上場していない中堅・中小企業でも、資本コストはそれほど極端に違うわけではあ

りませんから、前述のように「営業利益ベースでＲＯＡ五％以上」を目指していれば、おおむね資本コストに見合う利益を上げていることになると思います。

自己資本比率が高くなるとＷＡＣＣが上昇する

少し余談になりますが、実は自己資本比率の高い会社はＷＡＣＣも高くなります。自己資本比率が高いということは、負債より調達コストが割高になる純資産の比率が高いということで、必然的に資本全体の調達コストであるＷＡＣＣも高くなるわけです。

上場している企業では、ＷＡＣＣが上昇することを嫌って、自己資本比率を一定以下に抑えるという財務戦略をとる場合もあるようです。ＷＡＣＣが高くなり過ぎると、その高い資本コストに見合う利益率を維持するのが大変になり、維持できなければ株価に悪影響が及ぶおそれがあるからです。

例えばトヨタ自動車を見ていると、過去一〇年くらい自己資本比率が三七％程度で推移しています。二兆円規模の純利益を上げる実力があるので、本来ならば利益剰余金がどんどん積み上がって自己資本比率が上昇していくはずなのですが、その分、有利子負債を増やしてバランスをとっているようです。個人的な見解ですが、たぶんWACCをあまり高くしたくないので、資金的には余裕があるのにあえて有利子負債を増やしているのではないでしょうか。

ここまで「経営の本質」「経営の実践」「人を動かす」「経営者に求められる資質」、そして「会計と財務の要点」という視点から、経営コンサルタントが押さえるべきポイントを説明しました。読者の皆さんがその本質をきちんと理解した上で、それらを実践の経営に活かしていただけることを心より期待しています。

なお、本書作成にあたり、今回も日経BPの西村裕さんには大変お世話になりました。彼なしでは、この本はここまで仕上がらなかったことは間違いありません。この場を借りて心より感謝申し上げます。

[著者]

小宮 一慶（こみや かずよし）

経営コンサルタント。株式会社 小宮コンサルタンツ代表取締役会長 CEO。十数社の非常勤取締役や監査役、顧問のほか、名古屋大学客員教授も務める。1957年、大阪府堺市生まれ。京都大学法学部卒業後、東京銀行入行。米国ダートマス大学タック経営大学院留学、MBA取得。その後、岡本アソシエイツ取締役に転じ、国際コンサルティングにあたる。その間、カンボジアPKOに国際選挙監視員として参加。後に、日本福祉サービス(現セントケア)を経て、1996年、独立し、現在に至る。著書に『経営者の教科書』（ダイヤモンド社）、『ビジネスマンのための「数字力」養成講座』（ディスカヴァー・トゥエンティワン）、『「1秒！」で財務諸表を読む方法』（東洋経済新報社）など多数。

経営コンサルタントの教科書

「良い経営」の本質と実践が分かる本

2019年 12月16日　　第1版第1刷発行

著　者　　小宮一慶
発行者　　村上広樹
発　行　　日経BP
発　売　　日経BPマーケティング
〒105-8308　東京都港区虎ノ門4-3-12
https://www.nikkeibp.co.jp/books/
装　幀　　松田行正
制　作　　アーティザンカンパニー
印刷・製本　シナノ

ISBN978-4-8222-8988-1

本書籍に関するお問い合わせ、ご連絡は下記にて承ります。
https://nkbp.jp/booksQA